T0012219

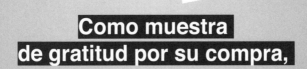

¿Dónde está Dios en todo el Sufrimiento?

Amy Orr-Ewing

Editorial CLIE
www.clie.es

EDITORIAL CLIE
C/ Ferrocarril, 8
08232 VILADECAVALLS
(Barcelona) ESPAÑA
E-mail: clie@clie.es
http://www.clie.es

Publicado originalmente en inglés por The Good Book
Company, bajo el título *Where is God in all the Suffering?*
© Amy Orr-Ewing, 2020.
Traducido y publicado con permiso de The Good Book
Company.

*El texto Bíblico ha sido tomado de la versión Reina-Valera ©
1960 Sociedades Bíblicas en América Latina. Utilizado con
permiso.*

¿DÓNDE ESTÁ DIOS EN TODO EL SUFRIMIENTO?
ISBN: 978-84-18810-75-6
Depósito Legal: B 12372-2022
Vida cristiana
Crecimiento personal
REL012070

Impreso en Estados Unidos de América / *Printed in the United States of America*

Acerca de la autora

AMY ORR-EWING ha hablado, durante los últimos veinte años, sobre cómo la fe cristiana responde a las preguntas más profundas de la vida en campus universitarios de todo el mundo. Es una oradora habitual en la televisión y la radio y se ha dirigido a los políticos en las salas de oradores, la capilla del Parlamento del Reino Unido, en el Capitolio y al personal del Ala Oeste de la Casa Blanca. La Dra. Orr-Ewing se licenció y doctoró en la Universidad de Oxford. Es presidenta de OCCA, el Centro de Oxford para la Apologética Cristiana y cofundadora de REBOOT, una iniciativa juvenil destinada a ayudar a los jóvenes a reflexionar profundamente sobre la fe, que ahora funciona en países de todo el mundo. Amy está casada con Frog y ayuda a dirigir Latimer Minster, una comunidad eclesiástica con sede en una granja de Buckinghamshire. Tienen tres hijos.

Amy Orr-Ewing, con una empatía equiparable a su sabiduría, profundidad y practicidad, ha escrito para todos aquellos que sufren o sienten dolor. Ella ha pasado por lo mismo, y conoce también el camino seguro que lleva al consuelo, la sanidad y la fe. Este es un libro que hay que leer despacio, valorándolo y compartiéndolo con otros que viven en el dolor.

Os Guinness
Autor de *Unspeakable*

Este libro nace de la convicción de la autora de que si la fe cristiana merece la pena, tiene que ser lo bastante profunda como para superar el escrutinio humano más riguroso y afrontar nuestras preguntas más angustiosas. A Amy no le da miedo abordar los "por qué", y el aplicable al sufrimiento y al dolor es el que nos resulta más duro a todos. Con un corazón empático y una mente honesta y analítica, ayuda al lector a reflexionar sobre una amplia gama de causas para nuestro dolor y nuestra angustia, y nos expone la gracia incomparable del Buen Pastor, el cual padeció personalmente y entregó su vida por sus ovejas. Este es un libro que cabe leer y compartir, sobre todo en esta época de sufrimiento mundial.

Profesor John C. Lennox
Profesor emérito de Matemáticas, Universidad de Oxford.
Autor de *¿Puede la ciencia explicarlo todo?*

Esta es una introducción brillante y muy bien escrita al problema más espinoso de todos los tiempos, y nos la ofrece una de las pensadoras más agudas que conozco. Basándose en la sabiduría antigua y en el pensamiento contemporáneo, Amy Orr-Ewing aporta una refrescante claridad, empatía y esperanza a la pregunta que acosa y perturba el alma humana: ¿Dónde está Dios *cuando sufrimos?* Todo el mundo debería leer este libro.

Pete Creig
Autor de *God on Mute: Engaging the Silence of Unanswered Prayer*

Este libro sobresaliente, escrito con un estilo claro y ameno, es de lectura obligatoria tanto para cristianos como para no cristianos, tanto jóvenes como mayores. La autora es una talentosa comunicadora, y combina vívidas experiencias de primera mano con reflexiones teológicas exhaustivas y firmes y con comentarios bíblicos. Ninguna vida humana está libre del sufrimiento que se manifiesta bajo una u otra forma; todos podemos beneficiarnos de lo que la autora ha vivido y ha plasmado en estas páginas.

Rev. Dr. B. A. Kwashi
Arzobispo de Jos, Nigeria

Muchos dan por hecho que el sufrimiento en este mundo demuestra, sencillamente, que Dios no es real, sobre todo cuando somos testigos del sufrimiento intenso. Amy Orr-Ewing, en este libro humilde, sincero, con rigor intelectual y con un hermoso estilo, demuestra que lo cierto es justo lo contrario. Amy habla de algunas de las peores formas de sufrimiento que experimentamos, y demuestra que incluso en los rincones más profundos, oscuros y depravados de nuestro mundo aún es válido afirmar la existencia de un Dios que ama. Tanto si tienes inquietudes intelectuales como si padeces un sufrimiento intenso, ¿Dónde está Dios cuando sufrimos? te resultará extremadamente útil. Lo recomiendo mucho.

Sharon Dirckx
OCCA, The Oxford Centre for Christian Apologetics; autora de *Why? Looking at God, evil and personal suffering* y *¿Soy solo un cerebro?*

Mediante una extraordinaria combinación de argumentos y empatía, Amy Orr-Ewing entrelaza el relato bíblico del sufrimiento y su propia experiencia como mujer, esposa, madre, académica, pastora y amiga. Y esto, a su vez, le permite preguntarle al lector: "¿Cuál es tu historia hasta el momento?". Este es un libro muy oportuno para esta época de Covid-19.

Rico Tice
All Souls Church, Londres; fundador de Christianity Explored

A Amy Orr-Ewing no le asusta enfrentarse a las preguntas difíciles de esta vida, y en este libro brillante analiza la más compleja de todas. El hecho de que lo haga no solo con un intelecto agudo sino también con un corazón compasivo convierte esta obra en una lectura única. Nadie escapa del sufrimiento, y las palabras de Amy, maravillosamente sabias, serán una guía útil y un bálsamo sanador para muchas personas.

Matt Redman
Líder de adoración cristiana, cantautor, escritor

El argumento más poderoso contra la idea de un Dios de amor es la presencia del sufrimiento humano. Este libro, realmente útil, aporta a este tema tan perturbador un profundo realismo, una cálida empatía y una profunda fe cristiana. ¡Muy recomendable!

J. John
Pastor, escritor y locutor

Índice

Para mis chicos, Zac, JJ y Benji Orr-Ewing.
Con amor, siempre.

Introducción:
Un mundo que sufre

En el momento en que escribo estas líneas, mi querida amiga Brenda acaba de morir. Tenía 36 años, y deja marido y tres hijos, el más pequeño de los cuales es un bebé de cinco meses.

Hace pocos días caminé detrás de su féretro durante su funeral, llevando en brazos a su bebé, una niña. Y me pregunto: en medio de esta situación en apariencia desesperada, ¿hay alguna esperanza? ¿Hay algún consuelo para una hija que crecerá sin tener recuerdos de su madre? ¿Hay un Dios de amor que pueda derramar su amor y su consuelo en nuestros corazones doloridos? ¿De verdad Dios está ahí cuando sentimos dolor, cuando el corazón nos duele por una pérdida?

Ahora me encuentro trabajando desde casa debido al confinamiento ordenado por el gobierno; estoy aislada junto a mi familia. El índice de muertes por Covid-19 aumenta a cada día que pasa. A todos nos ha impactado descubrir lo vulnerables e indefensos que estamos ante ese virus microbiano que se ha llevado a seres queridos, ha cerrado las fronteras, las tiendas y los restaurantes, y ha ralentizado la economía de medio planeta. ¿Dónde está Dios en medio del miedo, el sufrimiento y la tristeza de esta pandemia mundial?

Dado que has elegido este libro y has comenzado a leerlo, doy por hecho que quieres pensar sobre lo que significa sufrir, que quieres cuestionarlo y reflexionar en el tema, y dilucidar dónde podría estar Dios en esas situaciones. Pero quiero que sepas, ya de buen principio, que no quiero intentar "arreglarte" o "arreglar" tu manera de experimentar el sufrimiento. Más bien espero que mis reflexiones sean un acompañante útil y consolador en tu camino mientras te planteas dónde podría estar Dios en este mundo lleno de sufrimiento.

Los libros sobre el sufrimiento que escriben los académicos raras veces conectan con las personas que están sufriendo de verdad. Yo trabajo en Oxford, y he tenido la oportunidad de estudiar y de enseñar durante toda mi vida laboral adulta. Durante el transcurso de ese tiempo me he sentido atraída a pensar y a reflexionar sobre algunas de las preguntas más arduas de esta vida. Durante todo ese proceso me he dado cuenta de que, si la fe cristiana merece la pena, tiene que ser lo bastante profunda como para superar nuestro escrutinio humano más riguroso *y* afrontar nuestras preguntas más angustiosas.

¿BASTA CON TENER FE?

Una de las peores cosas que las personas inmersas en círculos religiosos dicen a veces a alguien que sufre es "No preguntes por qué", frase que va seguida de cerca por "No pienses en ello" o "Solo ten fe". Estos comentarios no sirven de ayuda a nadie.

Una respuesta inquisitiva y reflexiva a nuestra experiencia humana del sufrimiento puede formar una parte realmente importante del proceso de asimilación de las cosas terribles que nos han sucedido. Pero quiero sugerir que también puede ser una parte esencial del proceso de explorar la fe cristiana. La Biblia está llena de preguntas que el mundo ha formulado a Dios o se ha hecho acerca de él dentro del contexto del sufrimiento humano. Son preguntas como *¿Por qué has permitido que pase esto?* y *¿Dónde estás, Dios?* Por lo tanto, si estás leyendo este libro mientras atraviesas una experiencia de sufrimiento personal que te está llevado a cuestionar y a repensar todo lo que crees, me gustaría darte las gracias por permitirme ser parte de tu viaje. Espero que, cuando reflexiones sobre algunos de los pensamientos que ofrece este libro, descubras que la fe cristiana puede ser un hogar cálido para aquellos que sienten curiosidad intelectual y para todos los que se hallen en una época de angustia. Las preguntas y las dudas no son peligros que haya que evitar o suprimir, sino que pueden ser compañeros en el viaje hacia una relación con Dios y hacia un análisis genuino de la fe.

DE DÓNDE VENGO

Antes de que nos embarquemos juntos en este viaje, hay otras cosas sobre mí que quizá quieras saber. ¿Soy una académica metida en su torre de marfil que aborda este tema como un enigma que hay que resolver?

No…

En mi caso, mi propia experiencia personal ha dado volumen a esta pregunta sobre el sufrimiento. Aunque soy escritora, pensadora y profesora, he pasado catorce años de mi vida viviendo en barrios socialmente deprimidos situados en el corazón de la ciudad. Durante dos periodos de siete años consecutivos viví en dos de los barrios más paupérrimos y peligrosos de Gran Bretaña. Cuando era adolescente me agredieron físicamente pero, lo que quizá sea más significativo, cuando acababa de cumplir los treinta viví durante dos años sometida a la amenaza concreta de una agresión violenta (violación y asesinato).

Como pastora, también he caminado cerca de personas queridas que sufrían. Cuando tienes en tus brazos a un niño moribundo que vive en una residencia infantil y lloras con tus amigos por la pérdida de su hijo, queda claro que las teorías bienintencionadas sobre el propósito que tiene el sufrimiento suenan muy huecas. En cierta ocasión vi a un expositor en una conferencia académica que exponía el punto de vista según el cual el sufrimiento humano se parece al caso del perro al que llevan al veterinario para que lo vacune. El perro no entiende el propósito del sufrimiento, aunque en última instancia es para su bien. ¿En serio? Aquella ilustración me dejó por los suelos, y la verdad es que me enfureció. La experiencia de escuchar a supervivientes heroicos de la violencia sexual y doméstica y de llorar con ellos, o a los familiares de víctimas de asesinato, conforma mi manera de enfocar esta cuestión de descubrir a un Dios de amor en nuestro mundo que sufre; como también lo hacen mis experiencias de caminar muy cerca de personas que experimentan los retos más cotidianos de la extrema pobreza, la deuda, la extorsión, el acoso y el deterioro progresivo.

Es inevitable que la experiencia personal dé forma a nuestros pensamientos sobre el tema del sufrimiento y el mal, y todos tenemos que ser sinceros al respecto. Para mí, este tema es profundamente personal; no es primariamente abstracto ni teórico. ¿Cómo encontramos sentido al sufrimiento en el mundo que nos rodea cuando nos hace sentir *así*?

DE CERCA Y PERSONAL

Incluso cerca de casa, mientras escribo estas líneas, mi marido y yo estamos procesando juntos el grado de los malos tratos que recibió cuando era niño. Unos documentos que han llegado a nuestras malos nos han revelado nuevos datos sobre el horror de las cosas que le hicieron. Hemos tardado semanas en reunir la energía emocional necesaria para leer las páginas de testimonios legales y los informes hospitalarios. En ocasiones nos hemos sentido como si estuviéramos mirando de lleno al rostro del mal. La persona con la que comparto más estrechamente mi vida fue sometida a un trauma inimaginable.

Las preguntas de por qué un Dios de amor puede permitir el sufrimiento o, ya puestos, dónde está cuando sufrimos, no las podemos diseccionar con instrumentos esterilizados en un laboratorio aséptico alejado de toda influencia externa, prejuicios o sufrimiento personal. Porque, incluso cuando formulamos esas preguntas, vivimos *aquí*, en este mundo, donde a las personas a las que amamos les pasan cosas brutales, sin sentido, trágicas. Este libro pretende ser una reflexión desde el punto de vista de la fe cristiana en medio de un mundo en tinieblas sobre *por qué* puede existir semejante sufrimiento en este mundo *si* Dios nos ama, y *cómo* Dios, si es que existe, interactúa con las personas que sufren.

Cuando un universitario que era mi amigo falleció en un accidente absurdo mientras viajaba por Sudamérica un año después de licenciarnos en la universidad, en su funeral nos reunimos todo un grupo de veinteañeros, que acabábamos de conseguir nuestros primeros empleos. Recuerdo que alguien dijo: "El sufrimiento, ¿es el precio que pagamos por el amor?". La pena era, y es, una experiencia desconcertante. La pena incluye el temor, la tristeza, las lágrimas, una sensación de conmoción, e incluso una desconexión de la pérdida. Y luego, cuando la vida sigue, los sentimientos intensos remiten, pero solo para reaparecer súbita e inesperadamente. En un minuto la vida avanza como puede y de repente, como salida de la nada, una ola de tristeza y de angustia te arrolla, aplastándote, amenazando con ahogarte, arrancándote de los pulmones la vida misma. Te das cuenta de que la persona a quien has perdido ya no está allí, y de que ya no volverás a ver su rostro.

EL PRECIO DEL AMOR

Un poeta hebreo, en Salmos 23, en la Biblia, describe perfectamente esta experiencia llamándola "el valle de la sombra de muerte". Esta sombra se proyecta con mayor profundidad sobre las personas que amaban de forma más íntima a quien ha fallecido, pero toca también a todos los que le conocían. Así que, como preguntaba mi amigo: *El sufrimiento, ¿es el precio que pagamos por el amor?*

Durante el funeral del hijo de unos queridos amigos, el culto comenzó con el pensamiento de que aquel precioso bebé recién nacido no había conocido un solo día sin amor. El dolor y la pena de quienes más le querían fue el precio de ese amor. Fue muy amado.

Para mí, el amor es el punto de partida para desentrañar las preguntas sobre el dolor y el sufrimiento, y sobre todo la pregunta: "¿Dónde está *Dios* en medio de tanto sufrimiento?". Según parece, el amor se encuentra en la esencia misma de porqué sentimos el sufrimiento como lo hacemos. El sufrimiento nos parece tan malo debido al amor que sentimos por otra persona que vive angustiada. De forma instintiva nos rebelamos contra la injusticia, porque sentimos que las personas merecen amor y dignidad. Y cuando sufro, la pregunta con la que lucho en el nivel más profundo es: *¿Soy amada?* Y si realmente soy amada, *¿cómo es posible que me esté pasando esto?*

Cuando formulamos este tipo de preguntas estamos dando algo por hecho: que las personas, en virtud de su naturaleza humana, tienen un valor inherente y sagrado; que *yo* tengo valor porque soy humana. Pero, ¿podemos dar por hecho que el amor es un concepto fundamental a partir del cual formular preguntas sobre el sufrimiento y sobre Dios? Cuando intentamos sondear la experiencia humana del sufrimiento y analizar dónde está Dios en medio de él, ¿de verdad es tan importante el amor? ¿No hay otras maneras de enfocar esta pregunta que no se fundamenten en una perspectiva relacional y en todo lo que se desprende de la cosmovisión que dice que existe un Dios de amor? ¿Podemos decir significativamente que el sufrimiento está *mal*, en lugar de afirmar que solo es mala suerte?

Estas son las preguntas que abordaremos en primer lugar.

1
La pregunta
"¿por qué?"

"Veo que este mundo se está convirtiendo progresivamente en un erial. Escucho el trueno que se va acercando cada vez más, y que también nos destruirá. Siento el sufrimiento de millones de personas, y aun así, si miro a los cielos, pienso que todo saldrá bien, que también esta crueldad acabará, y que algún día volverán la paz y la tranquilidad".

ANNA FRANK

Sean cuales sean tus creencias sobre el mundo (por qué estamos aquí, si nuestra existencia tiene un propósito, si existe un Dios, y cómo podría ser este), en determinado momento la mayoría de nosotros formula la pregunta "¿por qué?" Y esto es algo que suele suceder mientras experimentamos el sufrimiento. El instinto de preguntar "¿por qué?" es profundamente humano.

Cuando yo tenía 29 años di a luz a gemelos, dos niños. Me han preguntado "¿Cómo es tener gemelos?" tantísimas veces que podrías pensar que a estas alturas ya tengo una respuesta rápida y acertada. Pero siempre hago una pausa y respiro hondo, porque es muy difícil expresarlo con palabras;

es una experiencia increíblemente intensa. Cuando unos gemelos empiezan a irse solos, es una época tan tremendamente agotadora que, aunque a menudo es maravillosa, puede resultar abrumadora. Las actividades sencillas, como darles de comer, vestirlos o salir a la calle con el carrito eran caóticas a más no poder.

Cuando mis niños empezaron a hablar y a expresar con palabras sus pensamientos, los dos pasaron por la etapa de preguntar "¿por qué?" (en estéreo) cada una de las veces que les decía algo o les pedía cualquier cosa. En una sola mañana llegué a contar 98 "por qué" expresados de diversas maneras. Hasta lo apunté en mi diario. Esa fase duró varias semanas. Logré no volverme loca y sobrevivir para contarlo. Pero ahora considero que la pregunta "¿por qué?" es tremendamente humana. Según parece, por el mero hecho de ser humanos estamos predispuestos a formularla.

Cuando reflexionamos sobre el tema del sufrimiento y nos planteamos por qué se produce, por qué duele tanto y dónde está Dios cuando lo vivimos, vemos que hay muchos puntos de partida posibles. Los seres humanos llevan desde tiempos inmemoriales haciéndose preguntas, escribiendo sobre el dolor y el sufrimiento y reflexionando sobre él. Pero no todo marco de pensamiento parte del amor. ¿Debemos dar por hecho que el amor es un punto de partida para explorar el dolor, la pena y el sufrimiento? ¿Por qué es tan importante el amor?

¿SERÁ EL KARMA?

Seguramente sabes que la filosofía oriental contempla el sufrimiento humano a través de dos lentes, la del karma y la de la reencarnación. Cuando sucede algo doloroso, el karma me dice que existe una ley moral de causa y efecto que dirige las circunstancias de nuestras vidas. Si me pongo enferma o tengo un accidente, la ley del karma me dice que estoy recibiendo mi merecido. Es posible que yo no entienda bien la conclusión de que aquello que haya hecho merece que sufra, porque la cosa se complica debido a la idea de la reencarnación. Bajo este punto de vista, el universo nos recicla durante muchas vidas, de modo que, según se cree, es posible que experimentemos los efectos del karma por algo que hicimos en una vida anterior.

Durante un par de años, cuando vivía en Oxford, tuve una vecina que estaba segura de que en una vida anterior había formado parte de la resistencia francesa. Creía que su dolor de espalda en esta vida se debía a que durante la guerra no había conseguido llevar un mensaje concreto a tiempo. El karma se estaba haciendo sentir. El karma no ama a nadie. El sufrimiento lo inflige un sistema legal sin rostro, y tenemos que bregar con lo que este decide que merecemos.

El budismo invita a sus seguidores a buscar el despego de todas las cosas como vía para procesar el sufrimiento. Buda abandonó a su esposa y su hogar la noche en que nació su primogénito. Se fue de su palacio con intención de hallar la iluminación, lo cual exigía que se apartase de todo vínculo emocional, despegándose de su familia y de este mundo. En esencia, la iluminación budista consiste en seguir el ejemplo de Buda y optar por la desvinculación de todas las cosas.

Él enseñó que el sufrimiento humano procede del deseo. La raíz del sufrimiento es querer, desear algo o a alguien, de modo que la respuesta budista es matar todo deseo de algo o de alguien: dejar de querer cosas y alcanzar un estado de iluminación, que es una especie de vaciedad. El sufrimiento, ¿es el precio del amor? Esta manera de entender el mundo diría que sí lo es, de modo que, para eludir el dolor, la respuesta que nos da es que nos libremos de todo apego... incluyendo el amor. ¿Dónde está Dios en esta cosmovisión?

En ninguna parte y en todas. Dios no es un ser personal, sino más bien un estado de iluminación en el que nos damos cuenta de que todo es uno y uno es todo.

¿SERÁ EL DESTINO?

El islam nos proporciona una perspectiva diferente. Tiene una concepción monoteísta del mundo (solo hay un Dios), pero es una enseñanza religiosa fatalista, que dice que un Dios trascendente tiene el control absoluto y directo de todos los aspectos del universo. En consecuencia, los seres humanos no tienen un libre albedrío auténtico. Solo existe una voluntad en el universo, y es la voluntad de Alá. Por eso la expresión *inshallah*, que significa "si Dios quiere", es tan importante para los musulmanes.

Hace unos años un amigo me contó la experiencia que tuvo de entrenar a un grupo de soldados iraquíes para que sirviesen en el ejército de ese país. El proceso exigía que los sometiera a un ejercicio de supervivencia, de modo que llenaron de agua una piscina abandonada. El oficial británico explicó que cada soldado, totalmente vestido y cargado con su pesado macuto, sería arrojado al agua en el extremo más hondo. El objetivo era salir nadando hasta la superficie, mantenerse a flote durante un tiempo estipulado y luego salir de la piscina.

Eligieron a los dos primeros reclutas y los lanzaron al agua totalmente vestidos. Uno logró subir hasta la superficie y trepó para salir de la piscina, pero el otro se hundió como una piedra. Los instructores se dieron cuenta enseguida de que había algún problema, y uno de ellos se lanzó al agua, arrastró al soldado hasta la superficie y le practicó un masaje en el pecho. Tras expulsar agua, el joven boqueó para coger aire. "¡¿Por qué no ha nadado?!", le gritaron. Él se encogió de hombros y dijo: "Si la voluntad de Dios es que viva, viviré; si es que muera, moriré. Está claro que la voluntad de

Dios es que siga vivo". *Inshallah*. Acepto mi destino porque es la voluntad de Dios.

Esto ilustra hasta qué punto la cosmovisión que dice que la voluntad de Dios es lo único que importa puede influir en nuestra manera de ver el mundo y de actuar en él. Y, lógicamente, dado que existe tanto el bien como el mal, ambos deben ser la voluntad de Dios.[1] En otras palabras, desde este punto de vista tan extendido, cuando sufrimos podemos llegar a la conclusión de que todo lo que nos sucede es directamente la voluntad de Dios. Dios es el autor de todas estas cosas, de modo que más vale que las aceptemos. En realidad, el amor no pinta nada aquí, como tampoco es relevante preguntar "¿por qué?".

¿SERÁ UN SINSENTIDO?

Lo que llamamos "naturalismo" nos ofrece un paradigma distinto. El naturalismo es el sistema que se basa en la creencia de que en esta vida todo tiene una explicación puramente natural o física. Como respuesta a la pregunta "¿Dónde está Dios cuando sufrimos?", el naturalismo diría: "*En ninguna parte*, porque Dios no existe". El naturalismo nos dice que la vida no tiene una dimensión espiritual o religiosa, y que no hay un Dios que cree el mundo natural. Los seres humanos son su máxima autoridad, y son más que capaces de determinar su propio destino y su propia moral. Según esta manera de entender el mundo, toda experiencia del sufrimiento es, en esencia, aleatoria; es una consecuencia de vivir en el mundo físico, nada más. Y dado que lo único

---

1. A Mahoma le preguntaron al respecto, y su respuesta está recogida en las *Hadith*: "Abu Bakr afirma que Alá decreta el bien pero no decreta el mal, pero Umar dice que decreta ambas cosas. Mahoma respondió a esto diciendo que «el decreto determina necesariamente todo lo que es bueno, lo que es dulce y lo que es amargo, y esta es mi sentencia entre vosotros... oh, Abu Bakr, si Alá no hubiese querido que existiera la desobediencia, no habría creado al diablo". Citado en Arhtur Jeffrey, *Islam: Muhammad and his Religion*, p. 150.

que existe es el mundo físico, bioquímico, cualquier sensación de vínculo con otras personas y de amor hacia ellas se entiende, primariamente, en términos fisiológicos. El dolor que puedo experimentar a consecuencia de la pérdida de alguien con quien estaba relacionada no tiene una dimensión más profunda, metafísica o espiritual. El sufrimiento, como todo lo demás, es meramente físico, material y natural.

Por lo que respecta al dolor o al sufrimiento que tiene una dimensión más evidente y directamente moral, esto resulta especialmente importante. Por ejemplo, si una mujer es agredida sexualmente, el naturalismo no tiene una moralidad enraizada objetivamente en Dios ("La agresión sexual está mal en términos absolutos, y Dios es el juez último de esto"). En su lugar, ha cimentado su moralidad subjetivamente o bien en la preferencia personal ("No quiero que esto me pase ni a mí ni a mis seres queridos, de modo que está mal"), o en el tabú social ("Como sociedad, entendemos que esto es perjudicial, de modo que hemos de redactar leyes que garanticen que no suceda"). Tal como dijo en una entrevista radiofónica el escritor ateo y defensor del naturalismo Richard Dawkins, "nosotros mismos creamos el fundamento de la ética".

Muchas personas creen que el sufrimiento supone un problema para quienes creen en Dios. Pero el problema del sufrimiento no desaparece cuando nos libramos de Dios. El gran filósofo ateo francés Jean-Paul Sartre observó que una cultura que había dejado de creer en Dios se topaba con preguntas muy reales sobre el dolor y el sufrimiento, y también sobre el bien y el mal. Lo expresó de la siguiente manera:

> *...pues con Él [Dios] desaparece toda posibilidad de encontrar valores en un cielo inteligible. Ya no puede existir ningún bien a priori, dado que no existe una consciencia infinita y perfecta que lo piense... Y por*

otro lado, si Dios no existe, no disponemos de valores o mandamientos que puedan legitimar nuestra conducta. Así, no tenemos a nuestras espaldas ni delante de nosotros, en un entorno luminoso de valores, algún medio para justificarnos ni excusarnos.[2]

Sin embargo, más recientemente los ateos han defendido, como hacen quienes creen en Dios, que no basta con tener un fundamento personal o contractual para la moralidad. Los creyentes en Dios han señalado con frecuencia que cuando uno contempla el mundo que sufre, debería preguntarse si las preferencias personales o los contratos sociales bastan para apuntalar la moralidad. Después de todo, ¿acaso el Estado Islámico (también conocido como ISIL o Daesh) no creía sinceramente en lo que estaba haciendo en Siria y en Iraq? ¿Quiénes somos nosotros para decir que sus preferencias personales o la moral de su sociedad, organizada en torno a un califato, están mal? ¿Acaso los racistas no creen que tienen una justificación moral para su espejismo de ser superiores, y no es cierto que las sociedades racistas han llegado incluso a legalizar estos conceptos? ¿Quiénes somos nosotros para decir que se equivocan? En algunas culturas, tales cosas pueden ser aceptables y legales; algunos regímenes incluso han legalizado el asesinato en masa. Esto es lo que pasó en un momento tan cercano como el siglo XX, en Europa, y aun así sabemos, instintivamente, que debe estar mal. Los filósofos han destacado que esta conclusión moral solo tiene sentido si existe un punto de referencia último para la moralidad, una fuente de moral que nos trascienda como individuos y como sociedad, y este es un buen motivo para creer en Dios.

---

2. Jean-Paul Sartre, *Existentialism Is a Humanism*, Yale University Press, 2007, p. 28, www.marxists.org/reference/archive/sartre/works/exist/sartre.htm (consultada el 5 de abril de 2020).

Pero ahora hay ateos como Erik Wielenberg que sostiene que en realidad no necesitamos a Dios para tener esta moral última; podemos limitarnos a señalar algunos "hechos morales en bruto" que existen por encima de la preferencia o de la legislación social, y para que sean absolutos no necesitamos que Dios sea su fuente. Esta postura plantea algunos problemas. Aunque los creyentes en Dios solo necesitarían proponer el hecho en bruto de que Dios es la fuente y la definición de lo que es realmente "bueno" (de lo cual se desprendería la moral), los ateos tendrían que plantear múltiples hechos morales en bruto, lo cual hace que esta postura sea más débil desde el punto de vista puramente filosófico. Y, lo que quizá sea más significativo, el ateísmo tendría que explicar nuestra capacidad humana para conocer o discernir esos hechos morales. ¿Sobre qué base podríamos fiarnos de la capacidad cognitiva de nuestra propia razón humana si hemos llegado a este universo mediante un proceso sin guía, el puro azar? ¿Cómo es posible que unos puñados de átomos cohesionados, que llegaron a existir por casualidad, reconozcan y entiendan los hechos morales en bruto que sugieren algunos? Si somos realistas, sigue siendo cierto que la moral objetiva no se puede establecer o reconocer claramente sin la existencia de una autoridad moral última, Dios. De modo que nuestra percepción de que los males que provocan sufrimiento son escandalosos y nocivos apunta a un Dios que existe como juez de tales cosas, y como creador que ha hecho a los seres humanos con la capacidad de razonar, elegir y amar.

LA EXPERIENCIA HUMANA DEL SUFRIMIENTO

Pero quizá respecto a este tema haya una pregunta más profunda y personal que deben plantearse los defensores del naturalismo, que es por qué, en nuestra condición de seres humanos, sentimos angustia como respuesta al sufrimiento.

Si la vida humana no es esencialmente sagrada, sino un mero accidente de la biología y de la química aleatorias, ¿de verdad tiene sentido que el sufrimiento nos escandalice y nos angustie? Si Dios no existe, ¿por qué realmente los seres humanos tienen un valor intrínseco y manifiestan una respuesta tan profunda, consciente y emotiva, al dolor y al sufrimiento? El profesor Peter Singer arguye que en ausencia de Dios los seres humanos no tienen más valor o más intuición moral que cualquier otro animal:

> Independientemente de lo que nos reserve el futuro, es probable que sea imposible restaurar plenamente el concepto de la santidad de la vida… Ya no podemos fundamentar nuestra ética en la idea de que los seres humanos son una forma especial de creación hecha a imagen de Dios y separada de todos los demás animales… una mejor comprensión de nuestra naturaleza ha salvado el abismo que antes pensábamos que existía entre nosotros y otras especies; entonces, ¿por qué debemos creer que el mero hecho de ser miembros de la especie *Homo Sapiens* otorga a nuestra existencia un valor casi infinito?[3]

¿Tiene valor la vida humana? ¿De verdad importa que miles de personas mueran debido a una pandemia mundial, sin tener acceso a respiradores y en soledad para impedir que sus seres queridos se contagien del virus? ¿Somos capaces de enterarnos de la muerte de unos jóvenes que estaban en un aula en la otra punta del mundo y fueron tiroteados por un compañero desequilibrado, y limitarnos a encogernos de hombros? Cuando vemos un documental sobre la vida salvaje en África y observamos cómo una leona caza a un jabalí,

---

3. Peter Singer, *Sanctity of Life or Quality of Life?*, http://digitalcollections.library.cmu.edu/awweb/awarchive?type=file&item=594077 (consultada el 5 de abril de 2020).

¿tenemos una reacción parecida a cuando vemos un documental sobre un asesino en serie de mujeres? Creo que la vida humana *tiene* un valor esencial, y que nuestras reacciones ante el sufrimiento de las personas, incluso de aquellas a las que no conocemos, nos dice que es así.

Entonces nos enfrentamos a una pregunta: si realmente es cierto que no existe un Dios que otorga valor, sentido e importancia a la vida humana más allá de nuestra existencia física, ¿por qué, en nuestra calidad de seres humanos, nos afectan las masacres, las hambrunas, la injusticia o los sufrimientos de otras personas? ¿Por qué nos duele tanto esa oscuridad? ¿Por qué importa tanto el sufrimiento? ¿De dónde sale nuestro sentido del valor y de la dignidad esenciales? Nuestra rabia como reacción al sufrimiento (incluyendo el de personas a las que no conocemos) y nuestra experiencia humana del dolor confirman la intuición común a todos los humanos: que en la vida hay más de lo que algunos afirman. ¿Dónde está Dios cuando sufrimos? Quizá valga la pena analizar la posibilidad de que nuestra rebelión humana frente al sufrimiento apunte a más allá de nosotros mismos, y nos incite a aspirar al sentido y a la trascendencia.

Entre los puntos de partida potenciales para el análisis del sufrimiento (el naturalismo, el budismo o el islam) existe otra alternativa, y este es el paradigma a cuyo análisis espero que podamos dedicar tiempo en este libro: se trata de la cosmovisión judeocristiana, y en concreto la cristiana. Este punto de vista establece las premisas de que Dios sí que existe; que Dios es un ser personal; que Dios es amor en su esencia; y que Dios ha creado a los seres humanos a su imagen, con la capacidad de razonar, decidir y amar. De aquí se desprende que el sufrimiento nos duele como seres humanos, de una forma tan profunda e impactante, porque las personas tenemos verdadera importancia. Somos portadores de la imagen divina, de modo que nuestras vidas y nuestro bienestar son sagrados. Esto significa que el dolor y el sufrimiento nos harán daño en otros niveles que no son el físico. Si Dios es real y nos ama, el dolor será el precio del amor. El verdadero amor no es posible sin que haya un libre albedrío; el amor forzado nunca es amor. La posibilidad de amar conlleva la posibilidad de sufrir.

LA IMAGEN DE DIOS

En Génesis, el primer libro de la Biblia, el escritor dice que los seres humanos fueron creados a imagen de Dios.

> *Y creó Dios al hombre a su imagen, a imagen de Dios lo creó; varón y hembra los creó.*
>
> GÉNESIS 1:27

La fe cristiana afirma que en nosotros, los humanos, hay una "semejanza de Dios", que nuestras vidas son esencialmente valiosas porque somos portadores de la imagen divina. Tanto si creemos en Dios como si no, seamos quienes seamos, somos criaturas con dignidad. Si esto es así, la parte esencial de ti que hace que seas *tú* tiene una fuente trascendente. Tu valor no es imaginado ni inventado; es real, y su fundamento es la imagen de Dios que hay en ti.

La respuesta que da la Biblia a la pregunta de *por qué* Dios permite el sufrimiento se basa en esta afirmación esencial: que *toda* vida humana lleva la imagen de Dios. La pregunta obvia es esta: si los seres humanos tienen semejante valor y dignidad, ¿por qué estamos sometidos a tanta tristeza, dolor y sufrimiento? ¿Cómo puede Dios ser bueno si lo permite? ¿Acaso el dolor de este mundo no pone en duda no solo la bondad de Dios sino su misma existencia?

La Biblia habla en Génesis de un Dios bueno que creó un mundo bueno. El primer relato sobre la creación reverbera con la frase reiterada "y vio Dios que era bueno". Entonces Dios puso a las personas a las que había creado dentro de un contexto específico (un huerto), donde tenían la posibilidad de tomar decisiones.

> *Tomó, pues, Jehová Dios al hombre, y lo puso en el huerto de Edén, para que lo labrara y lo guardase. Y mandó Jehová Dios al hombre, diciendo: De todo árbol del huerto podrás comer; mas del árbol de la ciencia del bien y del mal no comerás; porque el día que de él comieres, ciertamente morirás.*
>
> GÉNESIS 2:15-17

Dado que Dios hizo a los seres humanos con la capacidad de amar, también tuvieron la oportunidad de decidir. Para que exista el amor debe existir la libertad. La cara oscura de la existencia humana, que vemos por todas partes a nuestro alrededor en la injusticia, el egoísmo y el sufrimiento del mundo, debe tener una explicación: *¿por qué* está ahí? ¿Qué dice la fe cristiana al respecto? La Biblia localiza una explicación para el dolor, el mal y el sufrimiento dentro del contexto de unas personas que tienen la capacidad de amar, y por lo tanto de tomar decisiones.

Cuando era adolescente y vivía en Birmingham me hice amiga de una chica cuyos padres querían obligarla a casarse con un hombre al que no conocía. Ella solo tenía 15 años, y estaba asustada. Tenía motivos para tener miedo, porque una pariente suya se había visto en la misma tesitura un año antes. Había intentado huir, pero fue arrollada por un coche en la calle, la arrastraron hasta casa y la sacaron a la fuerza del país para casarla. Nadie había sabido nada de ella ni la había visto desde entonces. Mi amiga adolescente sabía que no quería eso; quería amar y ser amada. Sentía que el hecho de que sus padres la obligasen a entrar en una relación legal con alguien a quien no conocía, que la violaría regularmente, era la antítesis del amor. Ella creía que el amor que ella era capaz de dar y de recibir no podía ser impuesto por otros. Unos amigos la ayudaron a trasladarse a un lugar seguro.

Para que sea posible el amor verdadero, debe ofrecerse y recibirse libremente. Todos sabemos que es así.

En Génesis, después de la descripción que dice que los seres humanos fueron creados a imagen de Dios, hallamos el relato de dos personas llamadas Adán y Eva. Viven en un hermoso jardín llamado Edén. Es un lugar de fertilidad, felicidad y armonía relacional. Dios ha declarado que todo lo que ha sido creado es "bueno". Existe una relación armoniosa, de amor, entre los propios humanos, entre la humanidad y el mundo y entre la humanidad y Dios, hasta el punto de que se nos dice que Adán y Eva caminaban y hablaban con Dios en el huerto durante el frescor del día. La historia nos dice que el hombre y la mujer podían comer del fruto de los numerosos árboles, menos de un árbol en concreto. Es un entorno de belleza, de armonía y de intimidad, un vergel donde el creador del Edén y de todo el mundo pasea junto al hombre y la mujer.

Pero la existencia de aquel árbol único del que se les había advertido que no podían comer significa que se enfrentaban a una decisión real que debían tomar. Dentro del contexto de una relación amorosa y armoniosa se ha fijado un límite, de modo que ellos disponen de la capacidad genuina de decidir. Podían elegir no tomar del fruto de ese árbol entre todos los árboles, manteniendo así la armonía de la relación, o podían optar por ignorar esa limitación y hacer lo que mejor les pareciese. La existencia de esa elección demuestra que no son robots programados y controlados por el creador; tienen la capacidad independiente de tomar decisiones, que posibilita la relación amorosa y con sentido. Tanto Adán como Eva ejercen su derecho a elegir, y comen del fruto prohibido.

Esta historia, situada justo al principio de la Biblia, nos dice que Dios, que es amor, hizo un mundo en el que es posible el amor, y que esto conlleva vivir en un mundo en el que existe la posibilidad de elegir. El concepto que se adelanta es que, como seres humanos, hemos usado nuestras decisiones para hacer daño tanto como para amar. Este es el motivo de que en este mundo haya injusticia, oscuridad, dolor y sufrimiento. Génesis describe el impacto que las decisiones que tomamos tienen sobre nosotros, sobre otras personas y sobre el entorno natural de la Tierra. Los primeros humanos optaron por no amar a Dios, intentando en cambio *ser* Dios, ser la autoridad definitiva sobre lo que está bien y lo que está mal. A medida que se desarrolla la historia de la Biblia percibimos un progreso que va desde Adán y Eva con sus decisiones originarias, hasta el impacto y las consecuencias más amplias de múltiples momentos de egoísmo, que se van extendiendo rápidamente hasta que sus efectos se dejan sentir en todos los humanos, incluyendo aquellos que no fueron responsables directa o personalmente de una mala decisión en concreto. En otras palabras, las decisiones morales no inciden solo en nosotros, sino también en otros y en el entramado mismo del universo.

La fe cristiana entiende que la oscuridad y el sufrimiento entraron en el mundo como resultado directo de nuestro ejercicio humano de la elección moral. Por lo tanto, el sufrimiento es real; duele. Y duele *de verdad* porque somos más que nuestra bioquímica; no estamos aquí por casualidad. La vida humana tiene una fuente trascendente, somos portadores de la imagen de Dios y, de alguna manera profunda, percibimos que es así en nosotros mismos y en otros, incluso en aquellos a los que nunca conoceremos íntimamente; es así incluso si no creemos en Dios. La fe cristiana entiende que en última instancia la vida es preciosa, lo cual significa que tendrá importancia en el nivel más profundo cuando nosotros u otros suframos. Esto puede ayudarnos a entender *por qué* la experiencia humana del sufrimiento es tan aguda.

Como veremos en los próximos capítulos, en el relato bíblico el amor, la relación y la libertad no solo se hallan intrínsecamente relacionados, sino que forman el marco para la experiencia universal humana del sufrimiento. Pero en el relato cristiano aún hay más que descubrir, porque se nos presenta a un Dios que está *con* nosotros en el dolor, un Dios sufriente, un Dios que está *por* nosotros en el dolor. En medio de nuestras experiencias de sufrimiento, mala salud, tristeza, ira e incluso violencia, nos preguntamos: ¿dónde está Dios? ¿Cómo puede permitir que pasen estas cosas?

Mientras analicemos esas experiencias y esas preguntas nos plantearemos si realmente es posible conocer a un Dios que está dispuesto a llevar sobre sus hombros el pecado, el sufrimiento y el mal, abriendo un camino para que seamos perdonados y restaurados, y si podría haber un Dios que pueda cumplir su promesa de enjugar las lágrimas de nuestros ojos si confiamos en él.

2
La ira

"Háblame de tu desespero, el tuyo, y yo te contaré del mío".

MARY OLIVER

Quienes trabajan con las personas que sufren se dan cuenta de que en la experiencia del sufrimiento hay cinco fases comunes. Esas etapas son la negación, la ira, la negociación, la depresión y la aceptación.[4]

La ira. En muchos de nosotros, la experiencia del sufrimiento provoca indignación e ira.

Fue el 14 de junio de 2017 cuando se declaró un incendio en un bloque de apartamentos de 24 pisos, situado al oeste de Londres, llamado la Torre Grenfell. A pesar de los valerosos esfuerzos de la brigada londinense de bomberos, el fuego se propagó por las plantas más altas del bloque. Más tarde se descubrió que el revestimiento que se había instalado en el exterior de la torre para renovar su aspecto en el horizonte de la ciudad no era ignífugo, sino muy inflamable. Entonces, cuando una nevera vieja empezó a arder a consecuencia de una avería eléctrica en uno de los apartamentos, el

---

4. Elisabeth Kubler-Ross y David Kessler, *On Grief and Greving,* Simon and Schuster, 2014.

revestimiento actuó como un embudo que contribuyó a que el fuego asolase el edificio, acabando con la vida de 72 personas. Los residentes de la torre, que vivían en su mayoría en apartamentos de protección oficial, se habían quejado a las autoridades de las pocas medidas antiincendios, y esto aumentó el furor público mientras la torre ardía y posteriormente humeaba durante días en el horizonte de la ciudad. El caos desatado en los días inmediatos al incendio supuso la búsqueda de individuos, sobre todo de niños, mientras las autoridades procuraban confirmar quién ocupaba cada apartamento aquella noche, y quién había muerto en el incendio. El calor extremo de las llamas y la ausencia consiguiente de restos humanos hizo que fuera más difícil la tarea de identificar a los fallecidos. Todas las calles estaban empapeladas con carteles donde figuraban desaparecidos. Desde cada farola y desde las paredes los rostros de niños y adultos desaparecidos contemplaban el mundo.

Las iglesias locales fueron las primeras en alimentar, vestir y consolar a los residentes evacuados, y una de ellas en concreto, la Latymer Community Church, organizó un muro de oración a pocos metros de los restos humeantes de la torre. El muro encalado tenía oraciones escritas por toda la superficie, y se convirtió en el punto focal del dolor de la comunidad. La gente encendió velas y dejó flores junto al muro. Los noticieros televisivos propagaron por todo el mundo las imágenes de aquella pared.

UN LUTO COMUNITARIO

El incendio comenzó un miércoles, y cuando llegó el sábado muchos de los primeros en reaccionar, y muchos pastores, aún no habían pegado ojo. Mi esposo, Frog, había acudido a ayudar, y los líderes de iglesias que estaban allí nos invitaron a ayudarles a dirigir un culto al aire libre dedicado a la comunidad; era el primer domingo después del incendio. Aquella mañana de domingo se reunieron más de mil habitantes de la zona, repartidos por la calle y bajo el puente del ferrocarril. Algunos lloraban, otros permanecían sumidos en un silencio conmocionado. Una mujer y su hija, que habían sido amigas íntimas de otra madre con su hija que habían perdido la vida en el incendio, se derrumbaron entre mis brazos, gritando y llorando. La mujer me habló de su pérdida, y mientras hablaba profería una especie de gemido sin dejar de temblar, imaginando cómo sus amigas se habían abrasado entre las llamas.

Aquel día los sentimientos en la calle eran una combinación de tristeza profunda y de ira soterrada. Ira porque aquello pudiera suceder en Londres, una de las ciudades más ricas del mundo. Ira porque las autoridades ni siquiera tuvieran conocimiento de cómo habían perdido sus vidas muchas personas. Ira por la decisión de utilizar un revestimiento barato en el edificio, solo porque eran viviendas de protección oficial. Ira porque el revestimiento había resultado no ser ignífugo, sino que más bien actuó como acelerante de las llamas. Y toda aquella ira tenía una *justificación*. Setenta y dos personas, entre ellas 18 niños, habían padecido una muerte terrorífica y angustiosa. Durante el culto mi esposo leyó un breve pasaje de la Biblia antes de compartir algunos pensamientos. El pasaje incluía estas palabras:

> *Él sana a los quebrantados de corazón,*
> *Y venda sus heridas.*
>
> SALMOS 147:3

Todo estaba envuelto en un silencio reconcentrado, mientras las personas se apiñaban intentando asimilar lo que había sucedido y, quizá, preguntándose si realmente existía un Dios así. Y el pasaje sigue diciendo:

> *Jehová exalta a los humildes,*
> *Y humilla a los impíos hasta la tierra.*
>
> Salmos 147:6

La multitud, espontáneamente, prorrumpió en aplausos y gritos. La tristeza y la ira instintivas de una comunidad hallaron una válvula de escape en la celebración de las palabras de un poeta hebreo que había vivido hacía unos 2500 años. *Y humilla a los impíos hasta la tierra.*

La idea de que los responsables de lo sucedido fueron derribados por tierra nos resultaba bastante atractiva al estar perplejos en mitad de la calle, un día gris y nublado, mientras aún flotaba en el ambiente el olor acre del humo. Sentíamos que la rabia rebullía cerca de la superficie de la multitud.

En ese momento, los primeros en llegar al incendio y la brigada de bomberos de Londres nos dijeron que tenían que retirar de la zona sus vehículos y, dado que la multitud había colapsado la carretera, esto suponía que tendrían que pasar entre los asistentes al culto. Durante tres agotadores días con sus noches habían intentado sofocar el incendio, y todos los allí reunidos, en pie, les aplaudieron. Los noticieros transmitieron las imágenes por todo el mundo: una multitud sufriente que les aplaudía y vitoreaba mientras pasaban entre ellos. Los heroicos bomberos y bomberas lloraban en sus camiones; las lágrimas resbalaban por muchos rostros de los asistentes.

Un par de días más tarde le escribí a una amiga:

> Es una situación totalmente arrolladora, traumática, y sin embargo llena de gracia… un familiar desesperado de una víctima del fuego estaba en el Westway (el paso superior de la carretera) por encima de nuestras cabezas, amenazando con saltar sobre la

multitud y acabar con su vida, y mientras hablaba Frog, llegó la policía y lo tranquilizó. Gracias a nueve versos cantados de "Sublime gracia", salvó la vida.

¿CUÁL ES EL ORIGEN DE NUESTRA IRA?

Cuando a nosotros o a las personas que amamos les pasan cosas terribles, cuando experimentamos la pérdida y la decepción, la ira es una reacción frecuente y verdaderamente humana. En cierto sentido, esto es totalmente correcto y adecuado. ¿No debíamos sentir ira cuando aquellas valiosas personas se quemaron vivas en un bloque de apartamentos al oeste de Londres? Y si es cierto que toda vida humana lleva la impronta de Dios, dentro del contexto del sufrimiento la ira no solo es de esperar: está garantizada.

En ocasiones, las personas religiosas bien intencionadas tienen miedo de este tipo de ira, y pretenden cortocircuitar el proceso, como si la ira nos apartase necesariamente de Dios. Pero lo cierto es que la Biblia da voz a las personas que están en medio del sufrimiento, y les da libertad para expresar frustración, tristeza, ira y decepción, lo cual incluye lanzar invectivas contra el propio Dios. Él quiere relacionarse con nosotros y tratar con nosotros tal como somos de verdad. Es como si las Escrituras nos dijeran que a Dios no le molesta que dudemos de él, nos enfademos con él y le expresemos nuestro dolor cuando sufrimos. Hablar honestamente con Dios cuando sentimos ira y dolor es un camino mucho mejor que mantenerse a cierta distancia agitando nuestros puños contra Él, o pensar que solo podemos hablarle cuando nos sentimos en paz y optimistas. La ira como vía legítima (incluso positiva) de procesar el sufrimiento es coherente con el enorme valor que Dios confiere a la vida humana.

La rabia frente a la injusticia, la muerte, la enfermedad o la violencia tiene sentido para nosotros como seres humanos porque percibimos, instintivamente, que no es así como se supone que deben ir las cosas. Pero, ¿es ese impulso verdaderamente racional? Sentirnos ofendidos por el mal o el sufrimiento, ¿de verdad dota de sentido a nuestras creencias más amplias sobre el mundo y sobre Dios?

¿En qué se fundamenta la ira humana frente al mal y el sufrimiento si la vida no tiene una fuente trascendente y no somos más que un conglomerado de átomos que ha aprendido a pensar?

Después de que Charles Darwin publicara la primera edición de su libro *El origen de las especies*, un economista británico, Herbert Spencer, acuñó la frase "la supervivencia del más fuerte" para condensar la idea de Darwin sobre la selección natural. Spencer comparaba la teoría de Darwin con sus propios principios económicos. La idea central decía que aquellas formas de vida más adaptadas a su entorno sobrevivirían, y que los atributos menos indicados irían siendo excluidos de la población. Cuando se combina con un paradigma materialista (es decir, que no hay Dios tras el universo y que todo lo que existe es la materia física), a los seres humanos hay que considerarlos fruto del azar, seres que luchan por su propia supervivencia y su progreso. La conclusión inevitable de este punto de vista es que los individuos siempre deben ponerse los primeros en todas sus decisiones; después de todo, ¿qué otra cosa hay aparte de mí misma y de lo que tengo?

Ayn Rand, la pensadora atea, perteneciente a la alta sociedad y escritora, murió en 1983, pero cada año se siguen vendiendo cientos de miles de sus libros. Ella pensaba que un ateo *tenía que* ser egoísta, sencillamente. Escribió que:

> Todo hombre honesto vive para sí mismo. Todo hombre digno de ese nombre vive para sí mismo. Quien no lo hace, es que ni siquiera vive.[5]

5. Ayn Rand, *We are the Living*, MacMillan, 1936, p. 501.

El gran filósofo ateo alemán Friedrich Nietzsche dijo algo parecido:

> Admito que el egoísmo pertenece a la esencia de un alma noble... los otros seres deben estar sometidos por naturaleza, y tienen que sacrificarse.[6]

En otras palabras, el ateísmo me dice que siempre me pondré en primer lugar, y es muy posible que debido a mis prioridades tenga que sacrificar a las demás personas a quien encuentre en el camino. Esta manera de entender el mundo podría justificar la ira que siento cuando sufro o cuando mis familiares biológicos padecen, pero no parece ser capaz de explicar nuestra ira generalizada contra el dolor, incluyendo el que padecen personas que no están genéticamente vinculadas con nosotros ni son necesarias para nuestra supervivencia.

UNA ALTERNATIVA RADICAL

El cristianismo tuvo su origen en un mundo que estaba dominado por el egoísmo, y a medida que fue creciendo comenzó a desafiar ese paradigma. Jesús nació en una nación ocupada, sometida al sistema duro e implacable del Imperio romano, cuyos gobernantes dirigían con vara de hierro. Pero el cristianismo acabó conquistando aquel imperio con un arma más poderosa: el amor. Los primeros cristianos tuvieron la experiencia de un Dios que les amaba y que les había mostrado su misericordia, y parte del trato al seguir a Jesús era que aquellos a quienes Él había perdonado debían perdonar a otros. No pasarían por alto la crueldad, incluyendo la perpetrada contra gente a la que no conocían; contraatacaron cuidando de los débiles y los parias, las viudas y

---

6. Friedrich Nietzsche, *Beyond Good and Evil: Prelude to a Philosophy of the Future*, Penguin, 1990, p. 72.

los huérfanos. Ministraron a los que sufrían, y consideraban iguales a todas las personas. Se trataba de un estilo de vida totalmente distintivo y contracultural.

Estamos tan familiarizados con las iglesias y con el simbolismo del cristianismo que es posible que desconozcamos cómo empezó todo y lo radical que resultó. En un debate que tuvo lugar en *The New Statesman*, el ex arzobispo de Canterbury, Rowan Williams, habló con el filósofo y eminente ateo británico John Gray, quien admitió que la fe cristiana es el origen del valor liberal moderno de Occidente que prohíbe ser crueles con las personas o tolerar que otros lo sean. Gray comentó:

> La contribución distintiva del cristianismo… es que si uno piensa en el antiguo mundo romano, una de las características que acompañó al cristianismo fue la de idea de que los seres humanos, que reflejan la naturaleza de un dios cristiano, tenían cierta responsabilidad de no ser crueles o ni siquiera tolerar la crueldad.[7]

En el mundo antiguo, la negativa a tolerar la crueldad contra otros fue distintiva de la fe cristiana.

Por supuesto, tanto los ateos como los agnósticos, al igual que los cristianos, sentirán ira y frustración frente al sufrimiento de otros. Pero mi pregunta es: ¿a qué se debe esa ira? Si los seres humanos son creados a imagen de Dios, como creen los cristianos, esto es aplicable tanto si un individuo cree en Él como si no. Si la vida es sagrada en cierto sentido, tendremos distintas maneras de ver esto y saber que es verdad. A los pies de las ruinas humeantes de la Torre Grenfell, experimenté esa verdad plasmada en las miradas y en los actos de personas a las que no conocía, incluyendo

---

7. "Matters of life and death: Rowan Williams and John Gray in conversation", *New Statesman*, 28 de noviembre de 2018.

muchas que no se consideraban religiosas. Juntos entre el humo, los escombros y la angustia, supimos que las vidas de aquellos que habían muerto eran indudablemente preciosas. La pérdida de esas vidas no solo nos enfurecía y nos angustiaba, sino también nos llenaba de compasión. Creo que esto lo explica mejor la fe cristiana y su defensa de la idea de que toda vida humana es preciosa porque los seres humanos son creados a imagen de Dios. ¿Dónde está Dios cuando sufrimos? Él es quien fundamenta la sacralidad de nuestros amores y de nuestras vidas, de modo que cuando una vida se destruye o una persona a la que amamos sufre, nuestra manifestación instintiva de ira frente a tales cosas apunta directamente a Él.

Dentro de las democracias liberales de Occidente, la religión tiene fama de ser insulsa, gris e insípida. Existe la idea de que una persona de fe nunca debe sentirse airada, y que lo de ir a la iglesia es para los pensadores deslucidos o para quienes no gustan de emociones fuertes. Pero cuando leo la Biblia descubro algo bastante distinto a la religión organizada y formulista que habla y habla de que hay que hacer el bien. En la Biblia hay libros enteros dedicados a exigir la justicia social para los oprimidos. Hay canciones, poemas y relatos que expresan la pérdida y el dolor humanos, y la ira que siente Dios frente a la injusticia y al sufrimiento de la humanidad, que le escandalizan. La fe cristiana no ahoga nuestra ira frente a la violencia o la injusticia de este mundo: *las explica*. Ese tipo de ira tiene un lugar en la historia cristiana; nuestro clamor sentido que pide justicia y juicio refleja la esencia del propio relato cristiano.

Si los individuos religiosos te parecen personas dóciles de buen corazón, que están desconectadas y un tanto alejadas del mundo real, puede que te sorprenda descubrir que la Biblia otorga una voz potente a las reacciones humanas ante el sufrimiento, que expresan preguntas profundas y confusión frente al hecho de que sucedan cosas terribles. El salmista pregunta:

> *Dios mío, Dios mío, ¿por qué me has desamparado?*
> *¿Por qué estás tan lejos de mi salvación, y de las*
> *palabras de mi clamor?*
>
> *Dios mío, clamo de día, y no respondes;*
> *Y de noche, y no hay para mí reposo.*
>
> SALMOS 22:1-2

El propio Jesús citó estos versículos durante su crucifixión. En otro salmo, el poeta expresa honesta y claramente sus preguntas sobre por qué Dios permite el dolor y el sufrimiento que experimenta:

> *Diré a Dios: Roca mía, ¿por qué te has olvidado de mí?*
> *¿Por qué andaré yo enlutado por la opresión del enemigo?*
>
> *Como quien hiere mis huesos, mis enemigos me afrentan,*
> *Diciéndome cada día: ¿Dónde está tu Dios?*
>
> SALMOS 42:9-10

El libro de Job cuenta la historia de un hombre al que en un momento posterior de su vida se le calificó como "justo", pero que experimenta un sufrimiento terrible. En determinado momento dice:

> *¿Te parece bien [a Dios] que oprimas,*
> *Que deseches la obra de tus manos,*
> *Y que favorezcas los designios de los impíos?*
>
> JOB 10:3

El profeta Habacuc pregunta durante cuánto tiempo se supone que debe seguir clamando a Dios diciéndole que hay violencia, dolor e injusticia, mientras Dios no parece hacer nada al respecto:

¿Hasta cuándo, oh Jehová, clamaré, y no oirás; y daré voces a ti a causa de la violencia, y no salvarás?

HABACUC 1:2

Nuestro enojo cuando presenciamos el sufrimiento o experimentamos dolor señala al hecho de que en lo profundo de nuestro ser sentimos que las cosas no son como deberían ser. Percibimos que el mundo debería ser un buen lugar, y que el dolor lo estropea mientras sus habitantes padecen todo tipo de horrores a nuestro alrededor. Pero, ¿por qué sentir rabia si lo único que existe es este mundo material, de biología, física y química? ¿Por qué sentir disgusto y furia cuando vemos la explotación injusta de niños que viven en continentes remotos si los seres humanos no son más que el producto de procesos aleatorios, azarosos, seguidos del resultado brutal de una lucha para que sobrevivan los más fuertes? ¿Por qué debe importarnos nuestro propio dolor o el de otros?

Sin embargo, la ira como reacción al mal o al sufrimiento *tiene* un lugar en la historia cristiana, un lugar que dota de voz a lo que sentimos en lo más hondo y que lo explica. Nuestro clamor pidiendo justicia e incluso juicio transmite los ecos de la historia cristiana. Si fuimos creados para amar, si la vida tiene un origen trascendente, si la imagen buena de Dios caracteriza a todo ser humano, y si debido a nuestras decisiones hemos estropeado este mundo y unos a otros, no es de extrañar que sintamos ira e incluso furia desatada cuando experimentamos el mal. Las cosas no deberían ser así.

No es extraño que cuando nos enfrentamos al mal, el dolor y el sufrimiento nos preguntemos, angustiados: "¿Cuánto tiempo más tendré que soportarlo?". Pero si el mundo es frío y carente de sentido, y nosotros no somos más que una concatenación física de átomos, todo ese ruido y esa furia, todas nuestras preguntas, no significan nada. Pero, como hemos visto, esas mismas preguntas y frustraciones que manifiestan las personas que sufren se encuentran también en la Biblia. Si expresamos nuestra ira y nuestra frustración a Dios no estamos solos: "¿Cuánto tiempo más vas a permitir que esto siga igual?", "¿Por qué estás tan lejos?", "¿Por qué no me respondes o me ayudas?". En la Biblia no nos encontramos con un silencio frío. Al final llega una respuesta que encuentra un verdadero sentido a nuestra experiencia, que afirma la validez de nuestra rabia contra el mal y nos promete que no tenemos por qué quedar abandonados ni vivir solos nuestro dolor.

Es precisamente este tema del dolor y de la conexión el que abordaremos en el siguiente capítulo, cuando nos planteemos la importancia que tienen la tristeza y la pérdida dentro de nuestra experiencia humana del sufrimiento, y cuando preguntamos "¿Dónde está Dios cuando sufrimos?" mientras estamos dominados por la tristeza.

3
La pena

"Pero para el dolor no hay palabras que valgan".

VIRGINIA WOOLF

Para la mayoría, hacer un viajecito en Space Mountain, en Disney World de Florida, es un punto álgido de la visita. Pero, mientras avanzaba lentamente hacia la cabeza de la cola, sentía que por el fondo de mi garganta iba trepando el miedo.

¿Por qué he dejado que me convenzan?

Siendo una persona de esas que se marean incluso cuando conducen un vehículo por una carretera recta, nunca he sido de las que buscan emociones en los parques de atracciones. Pero cuando cumplí 40 años, unos amigos generosos invitaron a nuestra familia a que pasáramos unos días en Disney World. El grupo entero me convenció de que me metiera en la cola de aquella montaña rusa antes de que yo me enterase de que la mayor parte del recorrido se hacía a oscuras. Cuando la vagoneta salió de la zona iluminada supe que había cometido un error, pero era demasiado tarde para echarme atrás, así que lo único que pude hacer fue cerrar con fuerza los ojos y agarrarme como si me fuese la vida en ello. Cuando bajamos de la atracción todo el mundo me preguntó con emoción qué me había parecido, y la respuesta más educada y británica que se me ocurrió fue: "Lo he superado".

La experiencia de que te lancen de un lado para otro con repentinos giros, quiebros y bucles hacia atrás (que no me esperaba) fue totalmente aterradora. Pero creo que es una analogía bastante acertada de lo que es la pena. La tristeza se parece un poco a la situación de un pasajero que avanza a toda velocidad en medio de la oscuridad a bordo de una vagoneta en la que no quería subir: se siente zarandeado, arriba y abajo, de adelante atrás, a izquierda y derecha, sin tener idea de lo que pasará después.

Ya hemos oído que la Biblia habla de un Dios de amor que creó un mundo dentro del cual es posible amar, dado que los seres humanos han sido creados a su imagen, pero en este capítulo me gustaría reflexionar sobre cómo también nos prepara para pagar el precio de ese amor: la pena. La tristeza asociada a una pérdida es un sufrimiento muy concreto reservado para todo aquel que haya amado a una persona que ha fallecido. Dentro de la experiencia humana de la tristeza, tenemos muy claro que el amor no se puede reducir a activaciones bioquímicas de neuronas o al crudo instinto de supervivencia animal. Pero la pena es mucho más que eso.

La imagen que da la Biblia de los humanos como criaturas semejantes a Dios, que son entregadas unas a otras como compañeros, amantes, amigos y parientes, con la capacidad de forjar vínculos profundos y sagrados de amor unos con otros, refleja la experiencia vivida real del amor entre personas que son amigos, familiares o cónyuges, así como la que tenemos con hermanos y hermanas. A principios del siglo XIX la novelista y poetisa inglesa Dinah Craik escribió sobre el poder y la profundidad de los vínculos humanos y de la amistad, y lo describió de un modo muy bello:

Pero, ¡oh!, la bendición que supone tener un amigo con quien uno puede hablar sin temor de cualquier tema; con quien nuestros pensamientos más profundos, y también más absurdos, fluyen con sencillez y seguridad. Oh, el consuelo, el consuelo inefable de sentirse seguro con otra persona, sin tener que sopesar los pensamientos ni medir las palabras, sino dejando que broten sin traba, tal como son, la paja y el grano todo junto; seguros de que una mano fiel los tomará y los cribará, conservando lo que merece la pena y luego, con el soplido del cariño, haciendo que el resto salga volando.[8]

El gozo que produce una amistad profunda, incondicional, es tan sencillo y a la vez tan importante en esta vida, que parece ser un don exclusivamente humano. Nuestras amistades enriquecen nuestra vida, nos conectan con el pasado y el presente y, para muchas personas, hacen que la vida valga la pena. De modo que cuando llega la muerte la experimentamos como algo más que la decadencia de los tejidos físicos y de la materia básica: la sentimos como una pérdida. Sí, es la pérdida del contacto físico pero, lo que es más devastador, la pérdida del vínculo emocional y sagrado. El sufrimiento humano de este tipo es una consecuencia del amor.

LA PENA INESPERADA

Aún recuerdo con exactitud por qué calle estábamos caminando en Florencia, Italia, cuando recibimos la terrible llamada telefónica. Estábamos pasando unas vacaciones familiares en Toscana, al norte de Italia, y aquel día nos encontrábamos en Florencia; habíamos salido de la hermosa catedral, el Duomo, para dirigirnos a un monasterio que

---

8. Dinah Craik, *A Life for a Life*, Collins' Clear Type Press, 1900, p. 63.

tiene unos increíbles frescos del siglo XIV que pintó el monje Fray Angélico. Son de las pinturas más potentes que he visto en mi vida, y me emocionaba pensar que íbamos a verlas juntos, como familia. Mientras seguíamos caminando Frog respondió al teléfono: era el médico de su padre. Eran malas noticias. Si queríamos albergar la esperanza de verlo vivo y consciente, teníamos que coger un avión de inmediato.

Habíamos estado cuidando de mi suegro durante una época en que estuvo enfermo, pero aquella noticia nos pilló totalmente desprevenidos. A la mañana siguiente estábamos en un avión, y por la tarde nos encontramos a su lado como familia. Aquel fue el último día en que mis hijos vieron a su abuelo, y fue cuando tuvieron la oportunidad de despedirse de él. El verano inglés se estaba desvaneciendo, como también los colores del jardín familiar. Comimos juntos fuera, rodeados por el aroma de los arbustos de lavanda, intentando no fijarnos en lo mucho que había adelgazado.

Los siguientes días fueron turbadores pero increíblemente valiosos. Frog llevó a su padre cada día al jardín para que se sentase en una silla y sintiera el sol en la cara, observando la belleza de las plantas que había cuidado durante los veinte años anteriores. Compartieron la última cena de mi suegro, riendo y recordando los numerosos momentos de la relación paternofilial, a gusto en su mutua compañía, confiando plenamente en el otro y conociéndole a fondo. Cuando pocos días después llegó el último momento, nos sentamos junto a su cuerpo, esperando a que llegase el médico. Sus brazos habían sostenido a Frog de pequeño, y también fueron los primeros, después de los nuestros, que cogieron a nuestros gemelos cuando nacieron… y ahora se había ido.

Durante los 25 años anteriores, cada vez que Frog volvía a casa de la universidad, o para pasar las Navidades, o iba acompañado de mí, cuando éramos recién casados, siempre nos despedíamos en el escalón que había delante de la casa, y su padre nos decía adiós con la mano. Seguía agitando la mano hasta el último momento, cuando el coche ya se había perdido de vista. Aquel último día, cuando vinieron a llevárselo los de la funeraria para preparar el sepelio, Frog y yo, y sus hermanas, nos situamos en aquel escalón y le dijimos adiós con la mano. Seguimos moviendo las manos, mientras las lágrimas se deslizaban por nuestras mejillas, hasta que el vehículo se perdió de vista.

Yo quería a Colin. Era una persona entrañable y maravillosa, cariñosa, amable, divertida y aventurera. Para mi esposo era papá. La persona que sigue siendo aún siente el impulso de telefonearle cuando tiene una noticia o una anécdota divertida que compartir. La persona a la que le gustaría acudir para que le reafirme, a la que desearía ir en busca de consuelo o ánimo. La persona de quien querría recibir consejo. La persona que sabía cosas sobre él, porque compartieron tanta vida juntos. Pero la muerte significa que ese vínculo se ha roto. En el fondo nunca llegamos a asumir esa pérdida, ni nos parece normal; aún nos sorprende en momentos imprevistos, incluso aunque ya han pasado años.

EL PRECIO DEL AMOR

El sufrimiento ocasionado por la pérdida es el precio de haber amado mucho. El Nuevo Testamento incluye una historia que habla de cuando Jesucristo estuvo delante del sepulcro de su querido amigo Lázaro y lloró por él. Ese relato contiene el versículo más corto de la Biblia. Juan 11:35 dice, sencillamente: "Jesús lloró". Y el siguiente versículo prosigue diciendo: "Dijeron entonces los judíos: Mirad cómo le amaba". Jesús experimentó aquello por lo que pasamos cuando perdemos a una persona, y eso le indujo a llorar. La Biblia incluye historias como estas, que subrayan qué poderosa es la experiencia de la pena y demuestran que no es una experiencia de la que Dios se abstiene. El propio Jesús sintió pena; él mismo experimentó pérdidas. Sus lágrimas llevaron a quienes contemplaban la escena a pensar que Jesús amaba de verdad a su amigo; la pena y el amor parecen estar íntimamente relacionados.

Pero quizá debemos preguntarnos por qué nos duele tanto la muerte de un ser querido. Y, además de esto, lo que creo sobre el mundo, Dios y la vida, ¿explica por qué la pérdida nos duele como lo hace? Según la historia cristiana, perder a una persona duele tanto porque un humano es inexpresable, eterna e innegablemente precioso. Un poeta hebreo escribió:

Porque tú formaste mis entrañas;
Tú me hiciste en el vientre de mi madre.

Te alabaré; porque formidables, maravillosas son tus obras;
Estoy maravillado, y mi alma lo sabe muy bien.

SALMOS 139:13-14

Los humanos somos seres gloriosos, creados, preciosos. No somos el fruto de procesos aleatorios, con un valor indistinguible del que tiene el barro; fuimos "formados" y "hechos" con amor. Eclesiastés nos habla del paradigma bíblico que sostiene que la vida humana no se puede reducir mediante el materialismo, y que, independientemente de nuestras creencias o nuestra cosmovisión, en nosotros hay algo eterno:

Todo lo hizo hermoso en su tiempo; y ha puesto
eternidad en el corazón de ellos...

ECLESIASTÉS 3:11

El libro de Génesis describe cómo la muerte, la separación y la tristeza entraron en el mundo como resultado de las decisiones humanas tomadas en el huerto de Edén, que luego fueron reforzadas por todo ser humano que haya vivido, como vimos en el capítulo 1. De modo que el precio del amor, que es el dolor y el sufrimiento, impacta en toda persona que haya vivido jamás. Sin embargo, el concepto cristiano del dolor fruto de la pérdida no solo queda plasmado en el principio de la Biblia. A lo largo de ella y en el final encontramos más datos. En el Evangelio de Juan, Jesús aborda directamente el tema de la muerte, la suya propia:

> *No se turbe vuestro corazón; creéis en Dios, creed también en mí. En la casa de mi Padre muchas moradas hay; si así no fuera, yo os lo hubiera dicho; voy, pues, a preparar lugar para vosotros. Y si me fuere y os preparare lugar, vendré otra vez, y os tomaré a mí mismo, para que donde yo estoy, vosotros también estéis. Y sabéis a dónde voy, y sabéis el camino.*
>
> JUAN 14:1-4

Habla a sus seguidores del lugar adonde va definiéndolo como un hogar que tiene "muchas habitaciones", pero más que eso: les dice que irá antes que ellos para "prepararles lugar".

A los que piensan en la muerte, cabe decir que Jesús entiende que podamos sentirnos preocupados o inquietos. Empieza por ofrecer consuelo a sus seguidores: *"yo* voy a preparar lugar para *vosotros"*. Pero más que eso: "volveré para llevaros donde yo esté". Incluso en el proceso de la muerte estará presente Jesús para aquellos que pongan su fe en él. ¡Qué consuelo extraordinario para los seres queridos de alguien que agoniza! Jesús les acompañará personalmente. El dolor de la separación es real, pero una persona moribunda que tenga su fe puesta en Jesús nunca estará sola.

En varias ocasiones he leído las palabras de Juan 14 junto al lecho de un moribundo, incluyendo el de una joven que se moría de cáncer, o junto a un bebé con una enfermedad terminal y su madre. En esos momentos, en el final de la vida de una persona, he detectado una sensación electrizante de que hay algo más más. Puede dar mucho miedo ser conscientes de que nos ronda el estado definitivo de la muerte. Pero fue extraordinariamente hermoso pensar que Jesús estaba con mi amiga agonizante incluso en el momento de su muerte, llevándola al hogar y sin dejarla sola ni siquiera un segundo.

EL FINAL DE TODO

El final de la Biblia nos ofrece más datos sobre esta pregunta de dónde se encuentra Dios cuando sufrimos y padecemos pérdidas. Como hemos visto, Génesis nos dice que el mundo fue hecho como algo "bueno", y que las cosas se han torcido. Los seres humanos hemos utilizado nuestra capacidad de decisión para traer a este mundo oscuridad, tristeza, muerte, enfermedad y pérdida. Pero en Apocalipsis, el último libro de la Biblia, Dios hace promesas sobre el final de los tiempos:

> *Y oí una gran voz del cielo que decía: He aquí el tabernáculo de Dios con los hombres, y él morará con ellos; y ellos serán su pueblo, y Dios mismo estará con ellos como su Dios. Enjugará Dios toda lágrima de los ojos de ellos; y ya no habrá muerte, ni habrá más llanto, ni clamor, ni dolor; porque las primeras cosas pasaron.*
>
> APOCALIPSIS 21:3-4

Esta imagen es extraordinariamente íntima. Nuestros ojos llorosos son muy sensibles y tiernos. Muchos de nosotros derramamos ríos de lágrimas. Como madre de tres niños, a menudo he tenido que enjugar las lágrimas de sus rostros. La promesa de Apocalipsis dice que igual que cuando un padre o madre amante mira el rostro de su hijo o hija y seca sus lágrimas mientras le consuela, Dios enjugará nuestras lágrimas, y eso es algo que hará con todos aquellos que se vuelvan a él. En esas últimas páginas de la Biblia se reconoce la profundidad del dolor que las personas experimentan en la vida, y hallamos la oferta de consuelo eterno y de un vínculo íntimo con Dios. Mientras lloro por Brenda, esa promesa es muy importante para mí. No solo tiene sentido: también cala en mi corazón. Siento que es verdad.

NO ES SOLO UN SENTIMIENTO

Sin embargo, un elemento crucial de las afirmaciones de Jesús es que no solo *parecen* dotar de sentido a nuestras experiencias, y no solo *sentimos* que son verdad, sino que en realidad *lo son*. El Jesús que lloró ante la tumba de su amigo Lázaro resucitó de entre los muertos, validando sus afirmaciones de una manera que podemos analizar observando las evidencias. Podemos fiarnos de lo que tiene que decir Jesucristo sobre el sufrimiento, el dolor y la muerte, porque se ha revelado como el Dios que caminó por la historia de la humanidad como un ser humano. Y evidenció esa afirmación al levantarse de entre los muertos dejando vacía su tumba. Pasó por el sufrimiento y la muerte, y volvió a la vida, y si esto es cierto tenemos motivos sobrados para escuchar lo que dijo.

Entonces, ¿es cierto? ¿De verdad Jesús resucitó de los muertos? Los primeros cristianos eran creyentes precisamente porque se habían convencido de que Jesús había resucitado de la tumba. En las primeras reuniones de la Iglesia, solían formular un credo que cita el apóstol Pablo. Es una declaración que podemos situar en la Jerusalén de en torno al año 35 d. C., en un margen de cinco años tras la muerte de Jesús. Dice:

> *Que Cristo murió por nuestros pecados, conforme a las Escrituras; y que fue sepultado, y que resucitó al tercer día, conforme a las Escrituras; y que apareció a Cefas, y después a los doce.*
>
> I CORINTIOS 15:3-5

Resumiendo estas evidencias, tanto las contenidas en la Biblia como las que están fuera de ella, el especialista N. T. Wright concluye que:

> ...prácticamente todos los primeros cristianos de quienes tenemos evidencias sólidas afirmaron que Jesús de Nazaret había resucitado físicamente de entre los muertos. Cuando decían "resucitó al tercer día", lo hacían en un sentido literal.[9]

Sostener que Jesús resucitó de los muertos resultaba tan controvertido hace dos mil años como lo es hoy. La evidencia de que los cadáveres permanecen muertos no es moderna; es algo que ya se sabía en la antigüedad.

Los primeros cristianos creían en la resurrección sobre la base de una evidencia aplastante, incluyendo el hecho de que la tumba de Jesús, vigilada por una guardia romana, se encontró vacía, y de que el Jesús resucitado se apareció primero a unas mujeres en su sepulcro y luego a sus discípulos, en numerosas ocasiones; en una de ella le vieron más de 500 personas a la vez. Casi todos los historiadores están de acuerdo sobre tres hechos históricos dentro de toda esa gama de creencias sobre Jesús que tiene la gente. Son los siguientes:

- que Jesús murió crucificado;
- que muy poco tiempo después los discípulos de Jesús tuvieron experiencias que ellos creyeron que eran apariciones del Jesús resucitado;
- y que solo unos pocos años más tarde, el erudito judío y perseguidor de la Iglesia Saulo de Tarso también tuvo lo que consideró una visión del Jesús resucitado.

---

9. N. T. Wright, *The Resurrection of the Son of God: Christian Origins and the Question of God*, volumen 3, SPCK, 2017, p. 34.

La inmensa mayoría de académicos críticos aceptan también como hecho histórico la tumba vacía, la conversión de Jacobo (el hermano escéptico de Jesús), las predicciones que hizo Jesús sobre su muerte violenta e inminente, el hecho de que los primeros apóstoles creían que Jesús se apareció de forma corporal, y el crecimiento acelerado de la Iglesia primitiva.[10]

Si abordamos las evidencias de la resurrección de Jesús sin adoptar la postura dogmática y previa de que los milagros son imposibles, la única explicación que puede clarificar sensatamente los hechos históricos, notables y consensuados, es que Jesucristo resucitó realmente de entre los muertos. Hay muchos testimonios de personas que fueron escépticas en otro tiempo, abogados, filósofos, científicos, detectives y periodistas,[11] que se convencieron de la validez de la resurrección durante el proceso mismo de investigación del cristianismo, que iniciaron con la intención de refutarla.

Las palabras de Jesús sobre el sufrimiento y el dolor no solo nos *da la sensación* de que son ciertas; lo son. Al resucitar de entre los muertos, ha demostrado que podemos confiar en Él. Cuando estamos subidos en la montaña rusa de la experiencia de pérdida y de pena, Jesús ofrece la promesa sólida de un Dios de amor que nos ofrece relación, cercanía, consuelo y presencia. ¿Dónde está Dios cuando sufrimos? Está justo ahí, no en un mundo de fantasía, de religión, ni donde los sueños se hacen realidad, sino que existe y nos ofrece una relación incluso cuando experimentamos la realidad de nuestro sufrimiento más profundo. La naturaleza y el alcance de la pérdida humana son cosas que admite

---

10. Para un resumen muy ameno de estas evidencias, recogidas por un historiador profesional, véase John Dickson, ¿Es Jesús historia? Editorial CLIE, 2021.
11. Por ejemplo, Simon Greenleaf, C. S. Lewis, Frank Morrison, John Warwick Montgomery, Alister McGrath, Lee Strobel y J. Warner Wallace han descrito con detalle cómo y por qué cambiaron de opinión respecto a la resurrección.

claramente la Biblia, y esto nos ofrece una manera de ver el mundo que atribuye un valor sagrado a la vida y a las relaciones humanas.

Según esta forma de ver el mundo (por medio de la fe cristiana), nuestra pena tiene sentido, y nuestra sensación de pérdida queda justificada, no ignorada. Y en medio de todo esto se nos ofrece conexión, la presencia de un Dios de amor y una esperanza de futuro. Las palabras de Jesús recorren las eras y llegan hasta nosotros cuando experimentamos hoy los abismos de la pena:

> *No se turbe vuestro corazón; creéis en Dios, creed también en mí. ...voy, pues, a preparar lugar para vosotros. ...vendré otra vez, y os tomaré a mí mismo, para que donde yo estoy, vosotros también estéis.*
>
> JUAN 14:1-3

4
La enfermedad

"Un hombre que está caliente, ¿puede comprender a
otro que se está congelando?"

ALEKSANDR SOLZHENITSYN

En 2016, a uno de los seres humanos más vibrantes y
dinámicos que he conocido en mi vida, Nabeel Qureshi, le diagnosticaron cáncer de estómago terminal. Tenía 34
años y medía más de 1, 80 m. Era una persona pletórica de
energía. Su resistencia para enseñar, viajar y entablar conversación con las personas que venían a escucharle hablar era
incomparable, y lo hizo todo mientras estudiaba un curso
de posgrado en la Universidad de Oxford… además de ser
padre de un niño que apenas se iba solo.

Nabeel fue el autor del superventas del *New York Times*
titulado *Buscando a Alá, encontrando a Jesús: Un musulmán
devoto encuentra el cristianismo*, en el que explica la emocionante historia de cómo cambió de opinión respecto a su
religión natal cuando conoció a Cristo. Era una persona con
gran curiosidad intelectual, y muy divertida. Cuando sus
amigos y sus colegas se enteraron de su diagnóstico, les resultó imposible asimilarlo. ¿Cómo era posible que alguien
tan joven, tan en forma, tan vibrante, tan *vivo*, se estuviera

muriendo? Nabeel tenía un cáncer de estómago en fase 4, tremendamente difícil de tratar y muy agresivo. Tres meses antes de morir cené con él y hablamos de muchas cosas. Estaba luchando con el dolor físico de su enfermedad, y el agudo sufrimiento que le producía pensar que, si no mediaba un milagro extraordinario, no estaría al lado de su esposa, Michelle, y de su hija de dos años, Ayah, para verla crecer. En este capítulo hablaremos de la experiencia concreta del sufrimiento debido a una enfermedad física, mientras reiteramos la pregunta: "¿Dónde está Dios cuando sufrimos?".

ALGUNAS PREGUNTAS

¿Por qué se perturba la naturaleza? ¿Y dónde está Dios cuando nos ataca una enfermedad? No cabe duda de que un Dios de amor no permitiría que uno de sus seguidores más fervientes y eficaces muriese de cáncer a los treinta y pocos años, ¿no?

A veces una enfermedad grave puede suscitar dudas reales en los corazones de los creyentes más fervorosos en Dios, por no mencionar a quienes apenas creen que existe. Un ejemplo impactante de esto lo encontramos en la Biblia, en Juan capítulo 11. Hubo una familia concreta, cuyos miembros eran amigos íntimos de Jesús, que pasó por esta misma experiencia de ver cómo su fe se tambaleaba. Vimos en el capítulo anterior que Jesús tenía un amigo que se llamaba Lázaro, y que cuando este murió, Jesús lloró ante su sepulcro. Pero Lázaro tenía dos hermanas, y los miembros de la familia estaban muy unidos. Cuando Lázaro murió por una enfermedad, su hermana María se enfadó porque Jesús no hubiera llegado a tiempo para sanar a su hermano. Le dijo: "Señor, si hubieras estado aquí mi hermano no habría muerto". La enfermedad y la muerte consiguiente de un ser querido indujo a María a dudar de Dios. Lo que preguntaba era: *¿Dónde* *estabas cuando pasó esto?* Y alega que: *Si realmente nos quisieras habrías estado aquí, y entonces esto no habría sucedido.*

A muchos de nosotros nos puede pasar algo parecido. Alguien está aquejado de una enfermedad, o padece una muerte prematura, y pensamos: "Dios, si estuvieras aquí, o si fueras real, esto no estaría pasando". El hecho de que esta pregunta figure en la Biblia y se la formulen directamente a Jesús admite lo que experimentamos muchos de nosotros. Nos esforzamos por reconciliar la realidad del cáncer, una enfermedad crónica, las discapacidades fruto de un accidente, el inicio de una enfermedad degenerativa y muchas más experiencias de enfermedad y de dolor con la existencia o la presencia de un Dios que nos ama.

Entonces, si Dios es amor, ¿por qué se estropea nuestra salud? ¿Por qué tenemos que luchar contra el cáncer, la diabetes, la tos, el resfriado, las infecciones y tantos otros incordios para la salud? ¿Cómo intenta la fe cristiana reconciliar su afirmación sobre un Dios de amor con la enfermedad dolorosa y la muerte de las personas, sin dejar de sostener nunca que Dios las ama?

HAGAMOS UN REPASO

Como hemos visto, la Biblia comienza con una descripción de un creador amoroso e inteligente que fue el instigador y hacedor de un mundo hermoso y bueno. A medida que avanza Génesis, el escritor describe cómo la posibilidad de que exista una relación de amor entre los seres humanos y entre ellos y Dios exige la capacidad genuina de tomar decisiones. El verdadero amor no se puede imponer. Dios creó un universo hermoso, moral, ordenado. La humanidad decidió fracturar ese orden al pretender no amar a Dios, negar su autoridad sobre su creación y vivir como dirigentes de sus vidas. En Génesis 3 Dios deja muy claras las consecuencias de esa decisión: la muerte, los espinos, los cardos, la enfermedad, los desacuerdos, la angustia, el dolor. Vivimos las consecuencias de la decisión de aquellos primeros humanos, en el mundo quebrantado que provocó su decisión y la respuesta de Dios. Nosotros también contribuimos a ese quebrantamiento mediante nuestras propias decisiones de no amar bien a otros, y de no amar en absoluto a Dios.

Una vez Nuestro egoísmo humano ha metido el pie en la puerta, en Génesis 3 los efectos negativos se aceleran y aumentan durante el resto del libro, hasta que prácticamente se ha perdido la conexión entre una decisión moral concreta y los impactos de la conducta moral nociva sobre la trama misma de la existencia. Y así, seamos quienes seamos y hayamos tomado las decisiones particulares que hayamos tomado, sean buenas o malas, nos veremos afectados por esta ruptura, y por la enfermedad y la decadencia de este mundo.

Según la Biblia, nuestra experiencia humana general de la enfermedad no se ve afectada por nuestra conducta moral específica y ni siquiera por nuestro sistema de creencias. Tanto si creemos en Dios como si no, todos y cada uno de nosotros vivimos en un mundo caído, y todos experimentamos el legado de las decisiones que tomaron otros seres humanos, reforzadas con el paso de múltiples generaciones, y añadidas a nuestros propios ciclos de disfunción y de egocentrismo. El Dios de amor que hizo un mundo en el que el amor es posible no optó por destruirnos o rechazarnos pulsando el botón de *reset* de la creación. Entonces, nuestra existencia continuada en un mundo de dolor y de sufrimiento, ¿nos indica que a Él no le importa que suframos? En absoluto: la Biblia afirma repetidamente que a Dios *sí* que le importa, que no nos ignora ni nos abandona.

Creo que a estas alturas conviene formularse una pregunta más "panorámica". Verás, sin tener en cuenta lo que cada uno crea de Dios, *todos* estamos afectados por la enfermedad y por la muerte, *pero ¿por qué nos duelen tanto?* Lo que creo sobre los orígenes de la vida y mi opinión sobre si existe o no Dios, ¿qué tienen que decir acerca de por qué el sufrimiento propio de la enfermedad y de la muerte nos importa tanto a todos nosotros?

¿POR QUÉ ES IMPORTANTE NUESTRO CUERPO?

Cuando nacieron mis hijos me hice amiga de una mujer cuyo hijo había nacido pocos días antes que los míos. Aquellos días y meses agotadores con unos bebés recién nacidos, y la etapa de vigilar a dos peques que se iban solos se funden en la niebla de mi memoria, pero mi amiga hizo todo eso mientras bregaba con un problema crónico de salud. Su agotadora rutina se veía empeorada por el dolor constante que padecía; pero, de alguna manera, siguió cuidando de su hijo. No sé cómo lo hizo. Sin embargo, es una de las personas más pacientes que he conocido.

Hace dos meses me lesioné la espalda, y me diagnosticaron dos hernias discales y un nervio comprimido. Estuve encerrada en casa cinco semanas, incapaz de conducir y esforzándome por dormir, porque el dolor constante no me lo permitía. Me acordaba a menudo de mi amiga, y me di cuenta de hasta qué punto había luchado ella y qué poco había entendido yo sobre cómo era su vida. Empecé a ser consciente de que una enfermedad crónica, como otros tipos de diagnóstico, tiene un profundo impacto sobre nosotros en el nivel más profundo. Las dolencias físicas y las heridas someten a una persona y a sus seres queridos a algo mucho más profundo que los propios hechos de la fiebre alta, la inmovilidad, los moratones o los cortes. Existe un dolor acumulativo que parece filtrarse hasta la esencia misma de quienes somos.

Pero, ¿por qué la fragilidad física de nuestros cuerpos nos duele hasta este punto casi trascendente? ¿Podría ser que nuestra experiencia humana de la enfermedad sea un recordatorio, un indicador, de que ser humano supone más que ser una entidad material compuesta de moléculas y de átomos? Un poeta hebreo que escribió hace unos 3000 años expresó la agonía sagrada de la enfermedad con unas palabras que han consolado a millones de personas a lo largo de los siglos.

Jehová, escucha mi oración,
Y llegue a ti mi clamor.

No escondas de mí tu rostro en el día de mi angustia;
Inclina a mí tu oído;
Apresúrate a responderme el día que te invocare.

Porque mis días se han consumido como humo,
Y mis huesos cual tizón están quemados.

Mi corazón está herido, y seco como la hierba,
Por lo cual me olvido de comer mi pan.

Por la voz de mi gemido
Mis huesos se han pegado a mi carne.

Soy semejante al pelícano del desierto;
Soy como el búho de las soledades…

Mis días son como sombra que se va,
Y me he secado como la hierba.

SALMOS 102:1-6, 11

La Biblia da voz al lamento generado por la enfermedad. La enfermedad y la muerte nos dolerán en el ámbito de nuestro ser más esencial si existe una relación entre el yo real (quién soy) y mi cuerpo. Si nuestras vidas han sido creadas y son sagradas en lugar de ser fruto del azar o puramente materia, padecer una dolencia tendrá una dimensión más profunda que la experiencia física del dolor.

En el caso de mi familia, esto es algo que llegó hasta nosotros de una manera especialmente intensa al ver la experiencia que vivió la madrastra de mi marido cuando contrajo cáncer de mama. A cualquier mujer le impacta tremendamente recibir el diagnóstico de un cáncer de mama. Dada la naturaleza tan extendida de esta enfermedad, la mayoría de mujeres conoce a alguien que ha muerto a causa de ella, y su localización en un lugar tan significativo del cuerpo femenino parece provocar un tipo específico de temor. Fleur era tremendamente valiente y resiliente, divertida y hospitalaria. A medida que se acercaba el final, su cuerpo estaba devastado por el cáncer, pero lo que más la angustiaba no era tanto el terrible dolor de la enfermedad, sino pensar en el dolor que provocaría en sus hijos y en su esposo, a los que tendría que dejar atrás. Incluso cuando se iba intensificando el dolor corporal, el sufrimiento agudo de la pérdida y de la separación pesaba más que él.

Pero también había algo sagrado en aquel dolor: el acto de aferrarse a la vida, aun cuando la muerte se fuera acercando. A todos nos pareció que Dios estaba realmente presente a nuestro lado. Una tarde estábamos juntos como familia en su dormitorio y compartimos la santa comunión. Se trata de una colación simbólica de pan y vino que compartimos los cristianos para recordar la crucifixión de Jesús, y el hecho de que hizo ese sacrificio por nosotros. El pan representa el cuerpo de Jesús, y el vino su sangre. Todos comimos y bebimos aquellos símbolos físicos que miran atrás, a la cruz, donde Jesús padeció para que fuésemos completos, y hacia el futuro, al momento en que comeremos con el Hijo de Dios más allá de la tumba, en un mundo perfecto y lleno de paz. Tomamos esos símbolos en nuestros cuerpos físicos, que nos señalaron a la esperanza de vida al otro lado de la tumba.

El dolor es real. Nuestras experiencias humanas del dolor debido a la enfermedad, las heridas y el sufrimiento físico son realmente devastadoras, pero quizá, al ser tan significativas, también nos señalan al valor profundo y a la naturaleza sagrada de la vida. ¿Basta con categorizar el dolor humano como algo meramente físico? ¿De verdad encuentra sentido a nuestra experiencia de la enfermedad y del dolor decir que no somos nada más que una colección de átomos? ¿Es suficiente enfrentarse a la muerte y "enfurecernos, enfurecernos ante la muerte de la luz"?[12] ¿O hay algo más en nuestra existencia humana? ¿Hay vida en mí más allá de mi cuerpo y, potencialmente, más allá de la tumba? La enfermedad y el dolor, ¿duelen tanto porque somos hechos a imagen de Dios, creados para VIVIR? Creo que somos creados para la vida tanto *en* como *más allá de* nuestros cuerpos físicos, aquí y ahora, y Jesús es el único que explica por qué es así. ¿Dónde está Dios cuando sufrimos debido a una enfermedad física? Si el dolor es el precio del amor, nuestro dolor físico en la enfermedad es consecuencia de vivir en este mundo, donde se toman decisiones y donde es posible el amor. Pero en medio de la agonía más oscura del dolor físico, Dios no nos ha dejado que suframos solos.

¿DÓNDE ESTÁ DIOS EN NUESTRA EXPERIENCIA DE LA ENFERMEDAD?

Esta pregunta ha llevado a los cristianos a angustiarse y a orar, a cuestionar a Dios y a enfadarse con Él, pero también, en última instancia, a pensar en los cuidados paliativos y a interesarnos por ellos. Desde los primeros tiempos de la Iglesia primitiva, los cristianos de todas las generaciones se han sentido inspirados para trabajar con los desvalidos y los moribundos. A finales de la década de 1990 visité el hogar para moribundos de la Madre Teresa. Esta mujer era famosa por su obra en Calcuta, en India, donde cuidaba de los pobres,

---

12. Dylan Thomas, "No Not Go Gentle Into That Good Night", *Poems of Dylan Thomas*, J. M. Dent and Sons, 1973, p. 159.

decidida a que cada persona tuviera una muerte digna. La organización que fundó ofrecía camas limpias, comida y bebida, enfermeras atentas y la oportunidad de orar por personas que estaban en fase terminal y vivían en las calles. El edificio contaba con ataúdes sencillos preparados para que todos los que acudiesen a él tuvieran un entierro decente. Era extremadamente emotivo ver a las monjas, con sus característicos uniformes blancos y azules, cuidando cariñosamente de personas a los que otros consideraban intocables.

En el Reino Unido, se considera a Dame Cicely Saunders la fundadora del movimiento moderno de los hospicios. La experiencia de Saunders al cuidar a moribundos y su creencia de que las personas podían mejorar aun mientras agonizaban venían determinadas por su fe cristiana. Saunders y muchas de las otras personas que trabajaron incansablemente por la ampliación posterior de los servicios de los hospicios eran cristianas comprometidas, que abrieron residencias para enfermos terminales con los objetivos claros de dar la bienvenida a todos los que necesitaran cuidados y expresar el amor de Dios en cada uno de los detalles del cuidado excelente prestado a los pacientes.

¿Dónde está Dios en nuestra experiencia del dolor? Al menos parte de la respuesta a esta pregunta, según la fe cristiana, es que la Biblia defiende el compromiso con la dignidad de cada ser humano, por improductivo, deteriorado o incapacitado que se encuentre. Por lo tanto, los intentos de aliviar el dolor de otros y de crear contextos donde pueda medrar la persona integral, incluso cuando está enferma o agonizando, están inspirados por un compromiso con Dios.

Sin embargo, durante una enfermedad crónica, permanente, y durante la experiencia del dolor, pueden surgir ciertas luchas sobre la cuestión de la sanación cuando se ofrece el potencial de una curación divina. Entonces se plantea una pregunta inevitable: si Dios existe, ¿por qué no interviene constantemente en beneficio de sus seguidores para evitar o aliviar su sufrimiento y demuestra a todos los demás que es real? O a un nivel más personal: ¿de verdad me ama Dios? Estas preguntas son especialmente potentes cuando *a veces* Dios parece intervenir milagrosamente y librar a las personas del peligro, la enfermedad o la muerte. Pero en otras ocasiones parece que el cielo guarda un empecinado silencio como respuesta a nuestras oraciones fervientes que piden sanación y rescate.

¿SANA DIOS HOY?

Los cristianos se han enfrentado a este dilema: ¿puede sanar Dios? Si puede, ¿por qué no lo hace siempre? Si no sana, ¿significa eso que no existe o que en realidad no nos ama? Existe un contexto teológico para esta pregunta, que puede ayudarnos a entender el dilema desde el punto de vista bíblico, y a comprender por qué los cristianos creen que a pesar de que Dios *sana* a algunos y no a otros, esto no significa que no nos ame o que no exista.

En el Nuevo Testamento parece existir cierta tensión respecto a las intervenciones milagrosas de Dios en la historia, entre lo que algunas personas definen como "el ahora y el todavía no".

Jesús hablaba mucho del "reino de Dios" o "el reino de los cielos". Esta era la expresión que utilizaba para explicar lo que había venido a hacer: a demostrar la bondad, la veracidad y la realidad de Dios en la Tierra. Quienes se sometan al gobierno amoroso de Dios empezarán a experimentar la vida como se supone que debe vivirse: la vida del Edén, libre de pecado, sufrimiento, opresión, pobreza, dolor y muerte. Y Jesús demostró esta verdad mediante los milagros que realizó: sanar a los enfermos, expulsar a espíritus opresivos (demonios), e incluso resucitar a muertos. Y hay evidencias sólidas de que esto sucedió. Un académico comenta:

Una de las características más atrayentes de la amplia gama de opiniones procedentes del mundo antiguo sobre Jesús es su reputación como exorcista y como sanador. No es exagerado afirmar que es uno de los hechos históricos más respaldado y más firmemente establecido de entre todos los que examinamos.[13]

Pero Jesús habló del reino de maneras que pueden parecer extrañas. Dijo que "el reino de Dios está dentro de vosotros",[14] y que sin embargo esto significa algo muy práctico y físico: "los ciegos ven… y a los pobres es anunciado el evangelio".[15] Decía que el reino estaba presente, pero que también tendría que venir.[16] Esta dimensión futura del reino, decía Jesús, llegaría cuando Él regrese al final de los tiempos, cuando haya un juicio final y unos cielos nuevos y una tierra nueva. Es entonces cuando el sufrimiento *por fin* acabará. El reino, del que Jesús es el rey, está aquí pero todavía no: es espiritual, pero también intensamente práctico.

Las intervenciones milagrosas y las sanaciones que realizó Jesús entonces eran señales de que era el rey elegido por Dios, que traía el reino.[17] De la misma manera, las sanaciones y los milagros en el presente son señales que apuntan a la certidumbre de esta realidad futura del reino, que ya está aquí pero que todavía ha de venir. Un milagro solo lo es cuando es inusual, y en la Biblia encontramos las leyes naturales habituales; los milagros se entienden y se describen como intervenciones *inusuales*, señales que apuntan más allá de sí mismas para ayudarnos a entender algo sobre quién es Dios y cómo es su reino. Podemos reconocer un milagro y

---

13. James D. G. Dunn, Jesus Remembered, Eerdmans, 2003, p. 670.
14. Lucas 17:21.
15. Lucas 7:22.
16. De modo que el Padrenuestro incluye la expectativa futura "venga tu reino" (Lc 11:2).
17. El nombre "Cristo" significa "rey elegido por Dios".

su mensaje precisamente porque se sale de lo ordinario. Los milagros no son medallas que concede Dios a sus favoritos, al individuo que es sanado o recibe ayuda, ni recompensas por buena conducta, sino señales visibles de su gracia y de su bondad, e hitos de esperanza con los que todo el mundo puede darse cuenta de que ese juicio futuro y esa felicidad también futura de los que habló Jesús son cosas que realmente sucederán.

Hace catorce años visité a un miembro de nuestra congregación que estaba en el hospital, muriéndose de un cáncer muy agresivo. Era un oficial gubernamental relevante que estaba haciendo un trabajo tremendo, muy importante, para la protección de los niños al nivel nacional. Tenía una familia maravillosa y una sólida fe cristiana. Nos sentimos devastados por su enfermedad, y deseábamos que Dios lo sanara para que pudiera proseguir con un trabajo tan esencial. Pero cuando mi esposo y yo fuimos a orar por él, nos dijo: "Un milagro es algo que Dios nos da, no algo que nosotros podamos reclamar". Aquel hombre humilde y piadoso recibió dos años más de vida a pesar de los pronósticos médicos; tenía más trabajo que hacer, pero después murió en paz rodeado de sus familiares. Fue una pérdida terrible: un hombre brillante en lo más alto de su carrera, que hacía cosas importantes para la protección de la infancia, amado por su esposa y por sus hijos. Pero para mí sigue siendo un ejemplo maravilloso de un cristiano expuesto al sufrimiento, que experimentó la intervención de Dios y luego su paz, de modo que pudiera enfrentarse al sufrimiento físico y luego la muerte.

Cuando siento dolor, ¿le importo a Dios? Contrariamente a otros sistemas de creencia, la fe cristiana dice: ¡Sí! Dios *existe*, y le *importamos*. Si descartamos la posibilidad de que Dios exista, lo único que tiene que ofrecernos el universo en medio de nuestro dolor es indiferencia. En 1968, en una entrevista que hizo Eric Nordern al director cinematográfico Stanley Kubrick para *Playboy*, le preguntó: "Si la vida carece de propósito, ¿cree que merece la pena vivirla?" Kubrick respondió:

> Sí, en el caso de aquellos que, sea como fuere, logramos asimilar nuestra mortalidad. El propio hecho de que la vida no tenga sentido obliga a la persona a crear su propio sentido. El hecho más aterrador de este universo no es que sea hostil, sino que es indiferente... Por vasta que sea la oscuridad, debemos crear nuestra propia luz.[18]

Según el pensamiento oriental, estaríamos sometidos al capricho del karma, esa fuerza impersonal que ofrece retribución a quienes lo merecen por medio de múltiples generaciones que se reencarnan. El hecho de que suframos debido a una u otra enfermedad es una confirmación de nuestra culpabilidad, de modo que tú y yo tenemos que soportar el dolor, tal cual, e intentar seguir adelante. El consuelo que pueden proporcionar la meditación y el ayuno se ofrecen con la esperanza de tener una reencarnación mejor en la próxima vida.

En otros credos monoteístas, Dios es trascendente, distante, y solo cabe honrarle y quizá temerle, no amarle ni conocerle personalmente. En realidad, la Biblia es la única que nos dice que los humanos somos preciosos y amados, que hasta los cabellos de nuestra cabeza están contados. Y es solo Cristo, entre muchos otros "dioses", quien aceptó la vulnerabilidad de la carne humana y experimentó el

---

18. Gene Philips (ed.), *Stanley Kubrick Interviews*, University Press of Mississippi, 2001, p. 73.

cansancio, la sed, el dolor y la muerte, de modo que el propio Dios sufriera de verdad. Cuando formulamos la pregunta: "¿Dónde está Dios cuando sentimos dolor y cuando sufrimos?", la fe cristiana nos dice que está justo a nuestro lado, conociéndonos y amándonos, y que nos invita a tener una relación con él incluso mientras sufrimos. Esto es realmente único. El propio Dios ha entrado en la historia humana en Jesucristo y ha sufrido con nosotros y por nosotros.

Esto hace que su amor por nosotros en medio de nuestro sufrimiento sea cognoscible, tangible y real. La escritora de novelas policiacas y dramaturga Dorothy L. Sayers escribió:

> Por el motivo que fuese, cuando Dios decidió crear al ser humano tal como es, limitado, sufriente y sujeto a la tristeza y a la muerte, tuvo la honestidad y el valor de tomar de su propia medicina. Independientemente de a qué juegue con su creación, ha seguido sus propias reglas y ha jugado limpio. No le exige nada al hombre que no se haya exigido a sí mismo. Ha pasado personalmente por todas las experiencias humanas, desde las irritaciones triviales de la vida en familia y las restricciones del trabajo duro y la falta de dinero hasta los peores horrores del dolor y de la humillación, la derrota, el desespero y la muerte. Cuando fue hombre actuó como tal. Nació pobre y murió despreciado, y consideró que valía la pena.[19]

En Jesús, Dios ha experimentado el dolor por amor a nosotros. Pensó que éramos dignos de que pagase ese precio, de modo que, en cierto sentido, nuestro dolor como seres humanos queda dignificado por su disposición a compartirlo.

---

19. Dorothy L. Sayers, "The Greatest Drama Ever Staged is the Official Creed of Christendom", en *The Sunday Times*, 3 de abril de 1938, p. 1.

Da igual las demás cosas que conlleve nuestro dolor: cuando lo padecemos no estamos cósmicamente solos, de modo que ese dolor no es inútil, banal o carente de sentido, siempre que nos abramos a la posibilidad de un Dios que vive, ama y sufre.

5
La enfermedad mental

"No tenemos por qué avergonzarnos de nuestras lágrimas".
CHARLES DICKENS

La hija de 15 años de mi amiga estaba en pleno ataque de pánico. Boqueaba en busca de aire, y pensaba que le estaba dando un ataque al corazón; el corazón le iba a mil, le dolía el pecho y sentía las manos adormecidas hasta la punta de los dedos. El terror le recorría el cuerpo en oleadas. Lo único que yo podía hacer era hablarle con calma y pedirle que intentase respirar hondo y lento: inspirar en cinco segundos, espirar en otros cinco.

Se me ha grabado en la mente la imagen de la alfombra estampada y los fluorescentes de la sala de reuniones; el miedo era palpable y físico. En su escuela, aquella chica tenía a muchas amigas que pasaban por una experiencia parecida de ansiedad, o que padecían anorexia o bulimia. Trágicamente, no es la única. Los trastornos por ansiedad entre los jóvenes van en aumento. En el Reino Unido, el suicidio es lo que acaba con más hombres menores de 35 años, y ese índice va aumentando en muchos lugares del mundo.[20]

---

20. Ver en wikipedia.org/wiki/Suicide (consultada el 5 de abril de 2020).

Cuando nos preguntamos si el dolor tiene algún sentido, y nos planteamos si Dios existe (y, si lo hace, cómo se relaciona con nuestras experiencias de dolor y de sufrimiento), considero que esta pregunta sobre la enfermedad mental es tremendamente importante. Siento que estoy rodeada de trastornos mentales, dado que muchas personas con las que tengo una relación estrecha padecen alguno. En mi barrio ha habido jóvenes que han intentado suicidarse. Tengo amigos que han tenido que darse de baja de sus trabajos para recuperarse de episodios de depresión, sintiendo en todo momento el temor de no poder mantener a sus familias. El sufrimiento que provoca una enfermedad mental es profundo, tanto para quien lo padece como para los que le aman y cuidan de él o ella. La angustia de los padres, hermanos, hermanas y amigos que deja atrás alguien que se ha quitado la vida es indescriptible. El sufrimiento de la pérdida se amplifica por la sensación de que la persona que ha muerto no se había dado cuenta de cómo destrozaría su muerte a quienes la rodeaban, y de que quizá nunca sintió cuánto la amaban.

En 2018 la Organización Mundial de la Salud informó de que "una de cada cuatro personas de este mundo se verá afectada por un trastorno mental o neurológico en algún momento de su vida. Actualmente, unos 450 millones de personas lo padecen".[21] A medida que el mundo se ha desarrollado, son más las personas que han tenido mayores oportunidades vocacionales y económicas y un mayor acceso a recursos de los que carecían las generaciones anteriores. Pero es sorprendente que esta área de nuestra salud mental no parezca haberse visto afectada por nuestro progreso económico. A principios del siglo XXI, diversos especialistas comenzaron a afirmar que el índice elevado de riqueza se

---

21. Organización Mundial de la Salud: who.int/whr/2001/media_centre/press_release/
en (consultada el 8 de diciembre de 2019).

puede asociar con un escaso bienestar psicológico. Pensemos como ejemplo en Estados Unidos. Los psicólogos observan que hoy día los estadounidenses tienen muchos más lujos que en la década de 1950, pero a pesar de ello no están más satisfechos con sus vidas.[22] De hecho, parece que la riqueza provoca el efecto contrario.

El psicólogo Oliver James señala que, con diferencia, la consecuencia más trascendental de lo que llama "capitalismo egoísta" ha sido el sorprendente aumento de la incidencia de enfermedades mentales tanto en niños como en adultos desde la década de 1970.[23] Otro psicólogo, D. G. Myers, llama a la combinación de prosperidad material e infelicidad social "la paradoja americana", poniendo de relieve que cuanto más luchan las personas por conseguir dinero, más numerosos son sus problemas y más endeble su bienestar.[24] Parece que los países más ricos han experimentado un aumento considerable en la aparición de trastornos mentales entre sus habitantes. Es posible que la riqueza material no pueda proporcionarnos respuestas sustanciales o consoladoras a este tipo de sufrimiento. De hecho, es factible que la búsqueda del materialismo aumente nuestro riesgo de padecer infelicidad e inquietud.

Pero, ¿dónde está Dios en todo esto? El sufrimiento originado por los trastornos de salud mental presenta un desafío muy concreto a cualquiera que se plantee la pregunta del sufrimiento junto con cuestiones de fe, dado que, si estamos afligidos personalmente por un trastorno mental, nuestras percepciones, pensamientos y sentimientos se ven directamente afectados. La consecuencia es que en medio de este

---

22. E. Diener, "Subjective Well-Being: The Science of Happiness, and a Proposal for a National Index", en *American Psychologist*, 2000; 55:34-43.

23. Oliver James, *The Selfish Capitalist—Origins of Affluenza*, Vermillion, 2008.

24. D. G. Myers, *The American Paradox: Spiritual Hunger in an Age of Plenty*, Yale University Press, 2000, p. 61.

tipo de sufrimiento puede resultar especialmente complicado preguntar dónde está Dios, o afirmar con seguridad que Dios no está ahí, dado que es muy posible que empecemos a dudar de la confiabilidad de nuestras propias reacciones, nuestro razonamiento y nuestra intuición. Aparte de esto, es posible que las personas de fe que experimentan trastornos mentales hayan recibido la condena de otros creyentes religiosos precisamente debido al sufrimiento que padecen. A menudo el sufrimiento se ha visto incrementado, dentro de un contexto religioso, cuando se ha hecho sentir a esas personas que su lucha contra la ansiedad o la depresión es indicativa de una fe débil.

Entre tanto, tanto el ateísmo materialista como las expresiones racionalistas del cristianismo han tendido a enfatizar demasiado la importancia de pensar correctamente sobre lo que significa ser plenamente humanos. Para todo el que padece un problema mental, la presión para que se corrija a sí mismo por medio de argumentos racionales (sean ideológicos o teológicos) puede resultarle insoportable. Es difícil, por no decir imposible, pensar que no estás sufriendo cuando el sufrimiento lo sientes en la misma mente con la que piensas. Creo que es esencial admitir el profundo sufrimiento que sienten quienes padecen trastornos mentales y las personas que les son cercanas. Si mientras lees este capítulo estás pasando por una situación así, quiero que sepas que tu sufrimiento sí que importa. No hay que minimizarlo como si fuera algo menos importante o menos válido que otros tipos de sufrimiento. Importa.

Si bien es cierto que la cultura cada vez más materialista y menos espiritual parece estar relacionada con el aumento de los problemas relacionados con la salud mental, ¿hay algún lugar al que podamos recurrir? ¿Cómo podemos empezar siquiera a plantearnos la pregunta de dónde está Dios en el sufrimiento provocado por un trastorno mental? Los distintos tipos de trastornos se experimentan de formas diferentes, de modo que sería útil plantearse qué tiene que ofrecernos cada cosmovisión, así como cuáles son las posibilidades de la fe cristiana.

LA DEPRESIÓN

La depresión es un trastorno mental frecuente que induce al individuo a experimentar abatimiento, falta de interés o de placer, sentimientos de culpa o baja autoestima, trastornos del sueño o del apetito, poca energía y problemas para concentrarse.[25] Es probable que muchos de los que leemos este libro hayamos padecido personalmente una depresión o estemos cerca de alguien que la tiene. Incluso es posible que ahora mismo estés viviendo un episodio depresivo o estés ayudando a alguien que lo sufre. Para muchos de nosotros, la depresión no es un mero concepto.

¿Qué supone realmente la depresión para quienes somos, como seres humanos, en un sentido último? Si no creemos en Dios o en que haya un ámbito espiritual, puede que enfoquemos la humanidad desde un punto de vista enteramente físico, y que entendamos toda experiencia humana en un nivel puramente físico, centrándonos solo en los aspectos materiales de la vida. Este paradigma filosófico suele conducir a cierto tipo de utilitarismo (donde se mide el valor, la felicidad y la experiencia humanas en función de lo que podemos contribuir o producir que sea útil), o puede expresarse mediante cierto tipo de determinismo, según el cual la vida humana está totalmente gobernada por nuestra composición genética, y donde la persona individual carece de un auténtico potencial para elegir, transformarse o progresar. Desde estos dos puntos de vista materialistas, la depresión es muy debilitadora, dado que su incidencia reduce

---

25. mentalhealth.org.uk/a-to-z/d/depression (consultada el 8 de diciembre de 2019).

enormemente la productividad y la utilidad humanas, o da la sensación de que es un estado totalmente ineludible: el resultado inevitable de tus genes.

Otra manera de enfocar la experiencia humana si no creemos en Dios es mediante la filosofía del dualismo, según la cual lo más importante es la mente humana, nuestro pensamiento y nuestra racionalidad, y el cuerpo es secundario. Se piensa que el cuerpo funciona como una especie de máquina animada por la mente. Sin embargo, si las cosas empiezan a funcionar mal en la mente, que es lo que provoca la depresión o cualquier trastorno mental, se vive como un problema totalmente fundamental que amenaza con borrar o destruir la esencia misma de la identidad humana de quien lo padece. Si *tú* eres en esencia tu mente, *tú* corres el peligro de que una enfermedad mental te borre. Sin duda esto da mucho miedo.

Desde el punto vista cristiano, un ser humano es más que su mente y su cuerpo. Un ser humano está creado a imagen de Dios como una unión misteriosa de cuerpo, mente y espíritu, y la plena sacralidad de esa realidad no desaparece cuando las cosas van mal. Pero quizá aún es más importante que, en calidad de seres humanos, somos amados. Dios existe, y Dios es amor. Su amor por nosotros no es teórico, sino *real*. La fe cristiana admite la realidad de la depresión; según el paradigma cristiano, la depresión es una aflicción que fractura y desencaja la relación entre nuestro cuerpo, nuestra mente y nuestra alma. Como cualquier otro tipo de dolencia y de sufrimiento, se trata de una consecuencia muy real y dolorosa de vivir en este mundo caído. Pero lo que no puede hacer ni hace es definir a una persona de forma integral, y por consiguiente hay esperanza. Eres amado o amada inquebrantablemente, de todo corazón, valorado o valorada como un ser precioso, honrado como digno de recibir amor eterno.

Si no conoces la Biblia, puede que pienses que se trata de un libro de normas inflexibles procedente de un Dios severo y distante que, faltando a la realidad, nos exige que seamos perfectos. Nada puede estar más lejos de la verdad. La Biblia es sincera cuando habla de nuestra fragilidad como seres humanos, y no tienes que buscar mucho para encontrar a personas que claman a Dios cuando se hallan atenazadas por la ansiedad mental. En la Biblia hay personas que padecen depresión, y nadie las rehúye ni las avergüenza por ello. Son aceptadas, comprendidas y atendidas.

Un buen ejemplo es el profeta Elías, que aparece en el Antiguo Testamento, y cuya historia se cuenta en 1 Reyes 18 y 19. Después de que Elías obtuviera una victoria resonante sobre los profetas de Baal y un rey opresor, huye presa de pánico. El pasaje nos dice que:

> *...deseando morirse, dijo: Basta ya, oh Jehová, quítame la vida, pues no soy yo mejor que mis padres. Y echándose debajo del enebro, se quedó dormido.*
>
> 1 REYES 19:4-5

En este relato, Elías manifiesta muchos de los síntomas clásicos de un episodio de depresión. Y la pregunta que formulan Elías y el escritor de esta historia es: ¿Dónde está Dios en est*a situación?* Y la respuesta está clara: para Elías, Dios estaba justo allí, con él, animándole a comer y a vivir, cuidando de sus necesidades físicas y, al final, reuniéndose con él para darle una experiencia profunda, de las que transforman la vida, en la ladera de una montaña.

En el libro de Job, también en el Antiguo Testamento, Job es un hombre justo que padece un sufrimiento espantoso, que incluye una depresión grave. A medida que se desarrolla el argumento del libro, queda claro que la depresión no se presenta como consecuencia de las malas acciones individuales, ni como una etiqueta que descalifica a un ser humano. La depresión es un tipo terrible de sufrimiento que muchos humanos experimentarán, pero no tiene la capacidad de reducir a la persona en un sentido último, aunque puede hacernos sentir tristes, improductivos, y pensar que no hay esperanza. Según la fe cristiana, la experiencia de la depresión se enmarca en el contexto de la esperanza: la posibilidad de ser restaurados. El creyente que sufre puede atravesar un episodio de depresión en esta vida, en la presencia de un Dios consolador y dentro del contexto de una comunidad cristiana que le ama, apoyándose firmemente en la seguridad última de que en la vida venidera todas las cosas serán restauradas, completa y definitivamente.

¿Dónde está Dios cuando ataca la depresión? En la Biblia, está cerca de los que sufren; ofrece un fundamento último para nuestra dignidad y nuestro valor, refrendando nuestro estatus como personas amadas y valoradas, a pesar de que experimentamos oscuridad y depresión como resultado de vivir en este mundo caído. Es posible que necesitemos ayuda médica, fármacos y terapias. Sin duda que necesitaremos el respaldo cariñoso de una comunidad de personas que estén dispuestas a consolarnos, nutrirnos y ayudarnos. Pero también hay una imagen global: saber que no estás solo, y que esta experiencia y esta vida no son la suma total de tu existencia. Dios nos ofrece esta esperanza dentro del contexto de la relación con él, y en comunidad con otros a los que debemos amar y deben amarnos porque fuimos creados para ello. Un Dios de amor que no niega la profundidad de nuestra experiencia de la depresión, sino que nos ofrece un fundamento inconmovible para nuestro sentido de identidad y el valor de todo nuestro ser, a saber, el amor divino, nos proporciona un verdadero consuelo.

LA AUTOLESIÓN

Cada vez que en el pasado año he hablado con gente joven y he respondido a sus preguntas, ha surgido alguna variante de la pregunta: "¿Dónde está Dios cuando me autolesiono?". La autolesión se produce cuando alguien perjudica o hiere intencionadamente su cuerpo. Habitualmente es una manera de afrontar o de manifestar una angustia emocional aplastante. En *Self Harm: the Road to Recovery* ("La autolesión: el camino a la recuperación"), los autores exploran diversas teorías sobre por qué se lesionan las personas. En muchos casos, esta experiencia puede ser una combinación de algunos de estos factores:

- *La activación de la liberación de endorfinas:* Las endorfinas son una sustancia química cerebral que parece ayudar a las personas a relajarse y a pensar con claridad, además de reducir el impacto de las emociones negativas y aliviar el dolor. Las lesiones físicas activan la liberación de endorfinas, de modo que las personas que se autoagreden estimulan la liberación de estas hormonas para aplacar sus emociones y contribuir a relajarse.

- *La liberación de emociones:* Las emociones abrumadoras que hay que procesar pueden irse acumulando como el aire dentro de un globo y, a medida que aumente la presión, ¡la persona puede sentir que va a explotar! Las personas que se autolesionan cuentan que esto les ayuda a "liberar" esas emociones, de modo que puedan seguir con lo que deban hacer en ese momento o afrontar un nuevo día.

- *La comunicación:* Otra teoría se centra en la manera en que la autolesión puede ayudar a las personas a comunicarse o a justificar sus emociones intensas, ya sea ante sí mismas o ante otros. Una herida física puede ser una ilustración visible de ese dolor emocional; es mucho más fácil que expresarlo con palabras. Aunque son muy pocas las personas que pretenden herirse conscientemente para comunicarse (la mayoría de las que lo hacen ocultan sus heridas), el motivo más frecuente para la autolesión es que quien sufre anhela que los demás se enteren de su dolor y validen su angustia.[26]

La autolesión se alimenta del vínculo intrínseco entre nuestra psicología y nuestro cuerpo, en nuestra calidad de humanos, y se opone a la afirmación del dualismo de que la mente lo es todo, así como a la postura materialista de que solo somos seres físicos. Las culturas antiguas han intentado experimentar la liberación mental y espiritual mediante la práctica de hacerse cortes en el cuerpo. El Antiguo Testamento describe a los profetas de Baal cuando hicieron precisamente eso en su enfrentamiento con Elías. Clamaron a sus dioses para que respondieran a su clamor e hicieran caer fuego para su sacrificio, experiencia que intensificaron practicándose cortes. El escritor comenta:

> *Y ellos clamaban a grandes voces, y se sajaban con cuchillos y con lancetas conforme a su costumbre, hasta chorrear la sangre sobre ellos.*
>
> 1 REYES 18:28

Por el contrario, la Biblia afirma el valor y la naturaleza preciosa de nuestros cuerpos. En el Nuevo Testamento, se describen los cuerpos de los cristianos como el templo en el que Dios habita.

> *¿No sabéis que sois templo de Dios, y que el Espíritu de Dios mora en vosotros?*
>
> 1 CORINTIOS 3:16

---

26. Kate Middleton y Sara Garvie, *Self Harm: the Road to Recovery*, Lion, 2008.

Nuestros cuerpos materiales no son *todo* lo que somos, pero *son* sagrados y tiene importancia. Las emociones abrumadoras también lo son; tenemos un Creador que admite quiénes somos y nos invita a tener una relación significativa con Él, y esta incluye disponer de un espacio seguro donde expresarle sinceramente cómo nos sentimos. Quizá detectemos la desconexión entre cómo percibimos que son las cosas y cómo son en realidad. Podemos pensar que estamos totalmente solos en el universo, o que nadie nos ama o no somos dignos de amor, pero, ¿estas percepciones están realmente vinculadas con la realidad? Si *ciertamente* existe un Dios de amor, y si los seres humanos fueron creados a su imagen y son amados en un sentido último, esto debe marcar una tremenda diferencia. Comprender esta verdad (que somos amados) puede constituir un acicate para buscar ayuda y librarse del patrón de las autolesiones. Los años de producirse cortes en brazos y piernas han dejado muchas cicatrices en el cuerpo, pero la experiencia del amor de Dios ha demostrado ser un punto de inflexión para abandonar esa práctica. Una amiga en concreto me compartió que para ella hacerse cortes se había convertido en una vía poderosa de liberación; la hacía sentirse bien. Sentía que un corte tenía una especie de poder para gestionar su vergüenza en un momento determinado, y que como se merecía sangrar, aquel corte podía ayudarla a deshacerse de su vergüenza. En aquel momento también se sentía poderosa: nadie le estaba haciendo aquello, tenía el control. Cuando experimentó de verdad el amor de Dios y meditó sobre Cristo en la cruz, se dio cuenta de que la muerte de Jesús por ella, su sangre derramada por ella, era suficiente; no tenía que verter su propia sangre debido a su propia vergüenza, confusión o sufrimiento. Y esto la ayudó, junto con otras terapias, a acabar con aquel patrón autodestructivo que la había dominado.

La esperanza cristiana es una esperanza encarnada. Cristo caminó por este mundo como "Dios con nosotros", con un cuerpo. Su muerte fue real; derramó su sangre de verdad. Su resurrección de los muertos nos manifiesta su autoridad sobre la vida y la muerte. Cuando pensamos en la vida después de la muerte, la Biblia define una experiencia encarnada de la vida que es diferente: se "transforma", dejando atrás la relación más difícil que ahora mismo tenemos con nuestros cuerpos. 1 Corintios 15:52 dice: "y los muertos serán resucitados incorruptibles, y nosotros seremos transformados". Un cristiano puede mirar al futuro con esperanza, hacia una vida más allá de la tumba, sin la aflicción propia de la alienación de nuestros cuerpos; la esperanza cristiana es encarnada y es real, y eso quiere decir que puede constituir un apoyo sustancial en el aquí y ahora, cuando nos enfrentemos al problema de la autolesión. Y también nos ayuda a comprender por qué a veces sentimos que en nuestra mente y en nuestro cuerpo hay algo que no anda bien.

EL SUICIDIO

A las personas que intentan suicidarse, o que mueren haciéndolo, ¿las condena Dios? Dado el auge de cosmovisiones nihilistas y webs sociales que invitan a las personas a acabar con su vida, podríamos preguntarnos: ¿dónde está Dios en medio de las luchas y el sufrimiento de los pensamientos sobre el suicidio? Si esta vida es puramente material y lo único que existe es físico, ¿por qué tanto escándalo por acabar con una vida? Si la vida no es más que una cuestión de física y de química, tendríamos que replantearnos la pregunta de por qué la muerte por suicidio hace tanto daño a los amigos y a los familiares que quedan atrás.

Vale la pena considerar el papel que juega la fe en nuestra manera de procesar el suicidio, y concretamente cómo debería enfocarlo un cristiano. Creo que el aumento manifiesto en el número de personas que se plantean el suicidio en el mundo desarrollado, y la expresión sincera de esas preguntas teñidas de desespero, nos ofrecen una visión de la humanidad de cada persona que las formula. Fíjate como contraste en el poder que tiene la idea de que nuestros cuerpos son sagrados, que toda vida humana es preciosa y lleva la impronta de la imagen de Dios. Los seres humanos *somos* hechos a *imagen de Dios*. Este concepto complejo y profundo de la humanidad encaja con la intuición que tenemos de que la vida humana debería parecernos algo con sentido, pleno, y con nuestra sensación de desespero y de disonancia cuando no es así.

Si estás leyendo esto y te rondan por la mente pensamientos sobre el suicidio, quiero que sepas que reconozco el desespero que sientes. Antes que nada, te invito a que busques ayuda profesional, dado que es posible que en tus impulsos suicidas haya una causa química o médica subyacente; o en el caso de que haya una causa traumática o psicológica, la terapia de un psicólogo puede ser el tratamiento más indicado. De la misma manera que no le dirías "Ora por ello y punto" o "No pienses en ello" a una persona que se ha roto una pierna, el consejo esencial en el caso de los que piensan en suicidarse debe ser buscar ayuda profesional.

Al mismo tiempo, también quiero señalar la naturaleza valiosísima de tu vida, independientemente de cómo te sientas ahora. Esta verdad no es un tiro esperanzado en la oscuridad, sino que tiene un fundamento intelectual coherente sobre la fe cristiana. La verdad es que existe esperanza, y que tu vida lo vale *todo* (para cualquiera que te quiera y, creas en Él o no, para Dios); esta es una verdad hermosa y poderosa a la que aferrarse. El Evangelio de Juan dice de Jesús que "en él estaba la vida, y la vida era la luz de los hombres".[27] Jesús es la fuente de vida, y la verdad intangible de cuán preciosa es esa vida es algo que Dios nos puede revelar de una manera muy especial. La revelación profunda del valor de la vida es un legado de la fe cristiana genuina.

La Biblia no solo presenta una cosmovisión que habla de la vida humana de color de rosa, de los humanos como *imago dei* (imagen de Dios), imaginando que todo saldrá bien. También admite y describe la oscuridad de este mundo, incluyendo la enfermedad, la muerte, la depresión e incluso el suicidio. Estas experiencias las describen y las viven personajes bíblicos con una empatía y una compasión auténticas. Lamentablemente, durante muchos años se malinterpretaron los trastornos mentales, lo cual indujo a las iglesias a no ofrecer un funeral o una sepultura cristiana a quienes se habían suicidado. Pero una lectura cuidadosa de la Biblia demuestra que esta no respalda en absoluto ese proceder.

El rey Saúl, en el Antiguo Testamento, acabó con su propia vida después de padecer una derrota militar a manos de un ejército enemigo, y por miedo después de haber resultado herido. Saúl optó por acabar con su propia vida en lugar de padecer el maltrato de quien pudiera capturarle. Cuando su edecán, el portador de su armadura, se negó a obedecer la orden de matarle, Saúl se quitó la vida arrojándose sobre su propia espada (1 Samuel 31:3-5). Entonces el portador de la armadura de Saúl, presa del desespero al ver muerto a su rey, también se mató. La respuesta de David no fue exigir que todos vilipendiasen o avergonzasen a Saúl o a su asistente, sino que, junto con su lamento por su amigo Jonatán, David hizo duelo por Saúl.

---

27. Juan 1:4.

*Y lloraron y lamentaron y ayunaron hasta la noche, por
Saúl y por Jonatán su hijo, por el pueblo de Jehová y por
la casa de Israel, porque habían caído a filo de espada.*

2 SAMUEL 1:12

Una respuesta cristiana genuina al suicidio es hacer duelo,
lamentarse. Mediante el lamento reconocemos la agonía
pero sin negar la bondad de Dios.

Otro personaje del Antiguo Testamento, Sansón, preten-
diendo vengarse de sus enemigos, utilizó sus últimas fuerzas
para derribar dos pilares que sostenían la estructura dentro
de la cual estaban él y un gran número de personas. Acabó
con su vida junto con las de muchos de sus enemigos (Jueces
16:25-30). Fue un final trágico para la vida de un líder que
tanto prometía, pero que al final fracasó debido a su relación sexual con Dalila, que le traicionó. No se describe su
muerte como un factor que borrase su identidad o cancelase
su pertenencia a su familia o a Dios. Sus familiares acuden
a recoger su cuerpo y lo entierran con sus antepasados. Se
trata de un momento tremendamente triste y emotivo. En
la Biblia el suicidio no es un pecado imperdonable ni algo
vergonzoso de lo que no se puede hablar, como algunos han
temido a veces, sino que se lo reconoce como un acto profunda y sagradamente lamentable.

Creo que, cuando leemos la Biblia, nunca se nos presenta
el suicidio como la decisión correcta, sino siempre, primariamente, como una tragedia. La compulsión de acabar con
la propia vida dista mucho de cómo se supone que deben
ser las cosas, pero para muchas personas es una lucha tan
real como terrible. Desde el punto de vista cristiano, la
vida es sagrada, y la fractura y la dislocación entre cuerpo y
alma son extremadamente dolorosas, pero incluso en mitad
de la experiencia de estos sentimientos oscuros y arrolla-
dores, existe una esperanza genuina, accesible y robusta de

redención. Toda vida es preciosa y está llena de posibilidades de redención, digan lo que digan tus propios sentimientos de desesperanza. Por lo tanto, sería un error determinar el valor que tiene la vida de una persona en función de su productividad, su utilidad para la sociedad, su valor social o económico. Ninguno de nosotros está excluido de la esperanza transformadora que nos ofrece una relación con Dios. Si mientras lees esto te encuentras inmerso en esta lucha, o conoces a alguien que lo está, te ruego que busques ayuda. Acude a tu médico y pide ayuda. Busca el apoyo de amigos y familiares, y cuando lo hayas hecho, pide a Dios que te ayude. Tu vida importa; cada vida es importante.

El sufrimiento derivado del trastorno mental adopta muchas formas distintas, y vale la pena reflexionar sobre cómo nuestra manera de ver el mundo puede explicar el tipo de sufrimiento que experimentemos, y si nos ofrece alguna esperanza o ayuda en mitad de esa lucha. Hay otra área donde el trastorno mental hace sufrir a las personas, que los médicos apenas han empezado a comprender, que es el impacto que tiene un trauma sobre los individuos.

EL TRAUMA Y SUS EFECTOS PERMANENTES

¿Dónde está Dios en las secuelas que deja la experiencia humana del trauma? Sigmund Freud describió el trauma como "un suceso de tamaña intensidad emocional que supera las defensas normales del cuerpo y lo llena de una ansiedad incontrolable".[28] Los veteranos de guerra no son los únicos que se ven acosados por el trastorno de estrés postraumático (TEP). Quienes sobreviven a un accidente traumático también pueden experimentar síntomas. En su libro *El cuerpo lleva la cuenta*, el psiquiatra holandés Beseel von der Kolk describe y analiza cómo la mente y el cuerpo

---

28. Sigmund Freud, *Trauma*.

humanos reaccionan ante el trauma, incluyendo el impacto sustancial sobre nuestros recuerdos y el subsiguiente estado disociativo. Esto se puede traducir en sentimientos de dislocación y de desconexión total entre el individuo y otras personas y eventos. Van der Kolk escribe que: "El trauma no es solo un suceso que tuvo lugar en algún momento del pasado; también es la huella que esa experiencia deja en la mente, el cerebro y el cuerpo".[29] Sigue diciendo:

> La esencia del trauma es que es aplastante, increíble e insoportable. Cada paciente exige que suspendamos nuestro sentido de lo que es normal y aceptemos que estamos tratando con una realidad doble; la realidad de un presente relativamente seguro y predecible que vive junto a un pasado ruinoso y siempre presente.[30]

Dentro del ámbito del trauma psicológico, es crucial tener en cuenta la diferencia entre el TEP convencional (que nace de un trauma único, como un accidente de tráfico, y que puede tratarse de una forma bastante discreta y sucinta) y el TEP complejo (el resultado de traumas reiterados que se solapan sin dar tiempo a procesar uno antes de la llegada del siguiente). Esto puede darse bajo la forma de una victimización constante en la infancia o de la tortura durante una guerra, por ejemplo.

Hoy día se ofrecen terapias mejoradas para tratar el TEP convencional y el complejo, pero si la cultura que nos rodea nos dice que a mí, como ser humano, se me valora por mi capacidad de comprar, de producir, de llegar a metas y de pensar racionalmente, entonces, cuando sea menos eficaz, menos productiva y menos racional debido a que padezco un trauma, no solo estaré incapacitada como persona; lo

---

29. Bessel van der Kolk, *The Body Keeps the Score*, Penguin, 2018, p. 21.
30. *The Body Keeps the Score*, p. 195.

que correrá peligro será mi propio valor como ser humano y el sentido de mi vida, y esto es profundamente nocivo. El paradigma cristiano de los seres humanos como portadores sagrados de la imagen de Dios implica que la violación de esa imagen significa más que el hecho crudo de un evento que puedes superar rápidamente. El trauma nos impacta profundamente, pero no puede reducir fundamentalmente nuestra calidad como personas ni perjudicar nuestro valor esencial. Tampoco puede separarnos del amor de Dios. En la Biblia hallamos una promesa para los cristianos que dice que:

> ...ni la muerte, ni la vida, ni ángeles, ni principados, ni potestades, ni lo presente, ni lo por venir, ni lo alto, ni lo profundo, ni ninguna otra cosa creada nos podrá separar del amor de Dios, que es en Cristo Jesús Señor nuestro.
>
> ROMANOS 8:38-39

Mi esposo es un superviviente de un trauma complejo que fue el resultado del maltrato que padeció siendo pequeño. Mientras procesaba la complejidad de la recuperación, me ha sorprendido la resiliencia y la creatividad de una persona que ha soportado tanto. He visto que, junto al respaldo psicológico profesional, el amor expresado dentro de una relación coherente, segura y sin riesgos es crucial para la recuperación. ¿Podría ser que Dios sea un Padre celestial que ofrece justo una relación así a cada uno de nosotros como contexto para nuestra sanación? Como hemos visto, este es el meollo del mensaje cristiano. En nuestra calidad de seres humanos somos amados, y en la historia el amor de Dios se demuestra, encarna y evidencia en Jesucristo. El sufrimiento es el precio del amor. En este mundo experimentamos quebranto y dolor como consecuencia de la libertad que tenemos para tomar decisiones. La misma libertad que posibilita el amor hace que el sufrimiento sea también posible. Pero el sufrimiento es un precio por el amor que el propio Dios está dispuesto a pagar con y por nosotros.

Cuando nuestro sufrimiento es mental, ¿tenemos esperanza? ¿Importa este tipo de sufrimiento, o nos iría mejor si recurriésemos a la anestesia y a la disociación? ¿Dónde está Dios en mi sufrimiento cuando padezco algún problema mental?

En la Biblia, Dios se acerca a las personas que sufren. Nadie te pide que estés bien como condición para experimentar el amor de Dios o su paz, que sobrepasa a todo entendimiento humano. Tu sufrimiento es complejo, pero no tiene que definirte ni encarcelarte. Dios te ofrece reunirse contigo en Cristo. Nos ofrece la seguridad definitiva de una relación amante y eterna. De hecho, la prueba de su amor por ti y su compromiso contigo es un hombre que estuvo en un huerto, sumido en una profunda angustia mental. El Evangelio de Lucas describe cómo se sentía Jesús antes de su crucifixión, mientras oraba y se preparaba para su arresto: "Y estando en agonía, oraba más intensamente; y era su sudor como grandes gotas de sangre que caían hasta la tierra" (Lc 22:44). La hematohidrosis es un trastorno muy infrecuente, que hace que la persona sometida a un estrés enorme sude sangre. Jesucristo padeció una tremenda agonía mental, no solo un sufrimiento físico y espiritual, mientras moría en la cruz por nosotros. Tiene la capacidad única de contactar con nosotros en nuestra ansiedad mental y de ofrecernos una esperanza segura, fundamentada en su propio sufrimiento por nosotros.

Reflexiona sobre esto por unos instantes. Piensa en la posibilidad de que para Él seas alguien precioso: tu aliento, tu cuerpo, tu mente, tus pensamientos, tus emociones. Al Creador del universo le importan. Eres relevante. La historia cristiana dice que Dios entró en el mundo por medio de

Cristo porque te amaba. Jesús contó una historia sobre un pastor que tenía cien ovejas. Cuando una de ellas se perdió, ese pastor tenía unas prioridades tan extravagantes que dejó a las otras noventa y nueve para ir a buscarla. Jesús contó esta parábola para ilustrar lo mucho que Dios se preocupa por ese uno que se pierde, que eres tú y soy yo. Este amor de Dios está disponible para ti y para mí, sin importar lo que sintamos, y con el conocimiento pleno de todo lo que hemos experimentado. ¿Por qué no le abres tu corazón? Tal como dijo Jesús,

...al que a mí viene, no le echo fuera.

JUAN 6:37

6
La violencia

"Si cuando sufres guardas silencio, te matarán y dirán
que lo has disfrutado".

ZORA NEALE HURSTON

Mi amiga de la infancia, a la que llamaré Anna, me contó una tarde que habían abusado sexualmente de ella
desde que tenía ocho años. Apenas conseguí que mi mente
adolescente comprendiera qué significaba aquello.

El padre de Anna entraba en su cuarto por la noche, tres
o cuatro veces por semana, y abusaba de ella, violándola, hasta que a los 14 años ella contó a sus profesores y a
un joven trabajador social qué le estaba pasando, y con su
ayuda acudió a la policía. Hubo un juicio y su padre fue a la
cárcel. Pero la madre de Anna tuvo problemas para seguir,
y culpaba a su hija de la ruptura familiar. Siendo como
éramos los amigos adolescentes de Anna, nuestras mentes se
esforzaban por entender esto: nuestra amiga, tremendamente valiente, herida y heroica, estaba siendo rechazada *por su
propia madre* por sacar a la luz el horror de lo que le había
pasado. Mi amiga tenía 14 años, y sentía que había perdido
a sus dos padres.

EL SUFRIMIENTO EN EL MUNDO REAL

Pudiera ser que, mientras lees este libro, la experiencia del sufrimiento o del dolor te parezca algo bastante distante. Para ti, el dolor es más un pensamiento abstracto que pasa "ahí fuera" que algo que tú o algún ser querido hayáis experimentado directamente. Pero para otros el dolor será un compañero de viaje espantosamente real y personal. Puede que te cueste filosofar o hablar del tema en abstracto porque sea algo que te toque de cerca. Creo que en este capítulo, donde hablaremos de la cuestión del dolor como resultado de la violencia ajena, vale la pena que intentemos cimentar lo que creemos en la experiencia humana realista.

Todos tenemos una manera de contemplar el mundo, tanto si creemos en Dios como si no, y dentro de esa cosmovisión tenemos una perspectiva sobre el sufrimiento y el dolor. Si nuestra visión del sufrimiento o del dolor en el mundo se ha formado solamente sobre la base de experiencias relativamente higienizadas de desencanto, y no logra afrontar el mal *real* o la violencia extrema, entonces hemos de preguntarnos si es realmente eficaz en el mundo real en el que habitamos. Después de todo, una filosofía de la vida que solo funciona dentro de una burbuja de comodidad, sin que la afecte la violencia y el mal que son tan trágicamente habituales en la experiencia humana, no puede estar basada en la realidad.

También quiero admitir que existe una diferencia entre experimentar un sufrimiento aparentemente "aleatorio", por terrible que sea, y sufrir el dolor de ser acosados, explotados, agredidos, violados, ser el blanco de la violencia o la violación de otra persona, personas o un ejército. Y dentro de una cultura cada vez más sexualizada, es muy posible que también nos preocupe con qué facilidad la cultura del desprecio por otra persona puede afianzarse dentro de un grupo cuando se incita a este a actos de violencia debido a la ingesta de alcohol y el deseo de gratificación sexual. La víctima no es tenida en consideración por aquellos que piensan que no ha sucedido nada especialmente malo, dado que ella no tiene auténtico valor, ni importancia, y además estaba borracha. Si existe un Dios de amor, ¿por qué no intervino para detener ese acto totalmente malvado que una persona le hace a otra? ¿Cómo podemos sostener que existe un Dios bueno cuando suceden cosas tan terribles y aparentemente Él no hace nada al respecto?

Todos aportamos a este análisis experiencias distintas que incidirán sobre esta pregunta, y quiero admitir el horror que nos provocarían todas y cada una de esas historias. Pero permite que comparta contigo unos pocos ejemplos del tipo de sufrimiento en el que estamos pensando en este capítulo.

Mi abuela era una joven con un talento extraordinario y vibrante. Era una música brillante, y en otras circunstancias bien podría haberse convertido en pianista de conciertos. Pero era una mujer de algo más de treinta años que vivía en la Alemania del este ocupada por los rusos, y que luchaba simplemente por sobrevivir. Prácticamente todas las mujeres de su comunidad habían sido violadas por algún soldado ruso. Pocas veces hablábamos de lo sucedido, pero recuerdo un día en que comentó qué pocas veces me ponía maquillaje, y luego siguió diciéndome que las mujeres de su pueblo solían ponerse harina en la cara y en el pelo con la esperanza de parecer ancianas de modo que aquel día no las violase nadie.

Cuando yo era veinteañera y vivía en Londres, hice una amiga que, con el tiempo, llegó a confesarme que en su casa vivía aterrorizada. Se sentía tonta y avergonzada porque ella, una persona educada con un trabajo y amigos, se hubiera visto atrapada en una red de violencia doméstica. Su pareja, un joven encantador y bien hablado con todo el mundo, era un tirano impredecible en su casa, que la quemaba con una plancha cuando consideraba que ella le había faltado al respeto, y que en otras ocasiones la alababa, le hacía regalos y era maravilloso con ella. La menospreciaba y socavaba su confianza en su capacidad de razonar y de recordar las cosas, y una vez que su equipo de fútbol perdió un partido mientras él bebía con unos amigos, llegó a dejarla inconsciente a base de patadas. Sus hijos empezaban a darse cuenta de lo que pasaba, y ella vivía en un estado de alerta constante, intentando aplacar a su pareja y con la esperanza de que, si lograba hacer todo como a él le gustaba, evitaría que se enfureciese.

Hace un par de años recibimos una llamada de una organización que luchaba contra el tráfico de personas y a la que nosotros apoyábamos. Una redada de la policía había deshecho una banda de traficantes de personas, que hizo que más de doscientos hombres quedasen libres. Los habían hecho trabajar en el campo, en unas condiciones abominables. Mientras el equipo de la fiscalía se preparaba para el juicio, un testigo esencial necesitaba un lugar seguro. Había doscientos testigos potenciales, pero parece que a todos menos a uno los habían hecho callar a base de intimidarlos y de amenazarlos con hacer daño a sus familias; a algunos los habían asesinado. Quedaba aquel testigo superviviente. ¿Podría quedarse con nosotros mientras se preparaba el juicio? Fue un privilegio poder ayudar de esta manera sencilla. Al final testificó y los traficantes fueron condenados. Aquel hombre había sido maltratado por una banda de malvados, que habían tratado como a bestias y asesinado a sus compatriotas, había sido traumatizado y sometido a la dura prueba de ser testigo, y habían desafiado su humanidad hasta el límite.

El sufrimiento puede ser el resultado de la maldad de otras personas.

EL MAL, ¿ES REAL?

Hay una pregunta que quisiera que nos planteásemos: lo que crees sobre el bien y el mal, y sobre la manera que es el mundo en realidad, ¿explica la profundidad del daño que una persona puede hacerle a otra? Y por si acaso al leer esto piensas para tus adentros "Bueno, es que esos son casos extremos y excepcionales", deja que te diga que las evidencias nos indican lo contrario. Por ejemplo, el número de mujeres que han sido agredidas sexualmente durante una guerra desde el conflicto de los Balcanes a finales del siglo XX ha llevado a Inger Skjelsbæk, profesora e investigadora en el Instituto de Investigación para la Paz de Oslo (PRIO), a la siguiente conclusión:

> Hemos pasado de pensar que "la violación es algo que sucede inevitablemente en una guerra porque los hombres son hombres, y estas cosas pasan" a pensar que la violación es una clara estrategia bélica y un crimen de guerra que amenaza la paz y la seguridad internacionales.[31]

También podríamos consultar las estadísticas sobre el abuso sexual dentro del hogar en Estados Unidos: en 2017 se produjeron 7, 5 millones de denuncias sobre el abuso sexual de niños.[32] O podríamos recordar la terrible situación de las mujeres Yazidi en el Estado Islámico de Siria e Iraq. O analizar el abuso de niños sometidos a bandas que programan bodas entre ellos en las ciudades británicas. Según el

---

31. Kristine Grønhaug, "Rape as a weapon of war. Quiet, cheap and scarily effective". Norwegian Refugee Council Report, www.nrc.no/shorthand/stories/rape-as-awea-pon-of-war/index.html (consultada el 4 de abril de 2020).
32. *Child Maltreatment 2017*, publicado en enero de 2019. Una oficina de la Administration for Children and Families, división del Departamento de Salud y Servicios Humanos de Estados Unidos. Este informe expone los datos nacionales sobre el abuso y la desatención a niños que recogen las agencias de protección al menor de Estados Unidos durante el año fiscal de 2016. www.acf.hhs.gov/sites/default/files/cb/cm2017.pdf (consultada el 4 de abril de 2020).

Informe sobre Tráfico de Personas de las Naciones Unidas, se calcula que en cualquier momento dado de 2016 hubo en torno a 40, 3 millones de personas en todo el mundo que estuvieron sujetas a la esclavitud, incluyendo 24, 9 millones en trabajos forzados y 15, 4 millones en matrimonios concertados e impuestos.[33] Esto equivale a 5, 4 víctimas de la esclavitud moderna por cada mil habitantes del mundo. Estos son solo unos pocos ejemplos entre muchos otros que podríamos presentar como evidencias de la violencia y de la violencia sexual a una escala masiva en nuestro mundo.

Cuando formulamos la pregunta de dónde está Dios en medio de este horror, debemos recordar que el relato cristiano del mundo explica y explora la voluntad de otra persona. La voluntad humana, que posibilita el amor en este mundo, también hace que la maldad sea una posibilidad. Si ejercemos nuestro libre albedrío para hacer el mal en lugar de para amar, o priorizamos el amor por nosotros mismos o cualquier otra cosa haciendo que ocupen el lugar de Dios, acabamos teniendo el mundo que vemos a nuestro alrededor.

Sin embargo, el relato bíblico no nos deja aquí. La Biblia también nos dice que Dios es nuestro juez, y que todas las personas que han vivido tendrán que dar cuentas por su manera de hacerlo:

> ... por cuanto ha establecido un día en el cual juzgará al mundo con justicia, por aquel varón a quien designó, dando fe a todos con haberle levantado de los muertos.
>
> HECHOS 17:31

La Biblia prevé ya que muchos de quienes perpetran el mal y la violencia no acabarán padeciendo el castigo de la justicia humana en su vida, pero *sí* que se enfrentarán al juicio divino y serán juzgados por cómo hayan vivido:

---

33. *Trafficking in Persons Report, a Global Report of the United Nations*, 2018.

...pero ellos darán cuenta al que está preparado para juzgar a los vivos y a los muertos.

1 PEDRO 4:5

Solían criticar al cristianismo por ser demasiado crítico, por amenazar a las personas con la retribución en una vida más allá de esta, para inducirles a moderar su conducta actual. Pero a veces me preguntó si habremos perdido de vista la salubridad del juicio. Si nos preocupan las víctimas del mal, nuestros corazones claman pidiendo juicio. Mi amor por mi amiga de 14 años supuso que cuando su padre fue condenado por un crimen sexual contra ella, sentí alivio e incluso di gracias a Dios porque había ido a parar a la cárcel. El juicio fue positivo.

A estas alturas podríamos preguntarnos también por qué la maldad duele tanto. Si, como seres humanos, no somos más que un puñado de moléculas y de átomos, reducibles a la química y a la biología, sin que tengamos nada más que la materia de nuestra existencia física, ¿por qué nos duele tanto la violencia? El hecho crudo de que alguien desgarre o magulle la carne, la verdad física y biológica de un acto sexual y el dolor localizado en el cuerpo de la víctima son una pequeña dimensión del sufrimiento que se inflige. La violación es un acto de dominancia, un intento de deshumanizar a la persona; es una experiencia del mal. La violencia que comete una persona contra otra a menudo se siente como más que la suma de los actos físicos perpetrados. En cierto nivel todos sabemos esto, pero la admisión de la profundidad de la maldad que supone violar a otra persona nos induce a preguntarnos "¿por qué?". Como hemos visto, la clave para la respuesta cristiana en este ámbito es que perpetrar violencia contra un congénere humano supone violar la imagen de Dios, de modo que este tipo de sufrimiento tiene una dimensión espiritual.

Según la fe cristiana, Dios es el juez perfectamente justo. Cuando pasan cosas malas y nos esforzamos por ver la justicia civil, quizá no obtengamos la justicia que esperamos. Pero la promesa de la Biblia es que toda persona se enfrentará al juicio:

> *Porque es necesario que todos nosotros comparezcamos ante el tribunal de Cristo, para que cada uno reciba según lo que haya hecho mientras estaba en el cuerpo, sea bueno o sea malo.*
>
> 2 Corintios 5:10

Todo violador, todo criminal de guerra, todo maltratador doméstico. Toda persona.

Es posible que cuanto más pensemos en esto, menos positivo veamos el juicio, a medida que nos demos cuenta progresivamente de que también nosotros podemos ser quienes ejerzan violencia sobre otros. La Biblia parece indicar que todos somos tanto víctimas como perpetradores. Nuestros opresores tendrán que dar cuentas... al igual que nosotros. Pero para los cristianos, la buena noticia es Jesús. Por medio de su muerte en la cruz, Jesucristo ha abierto un camino para que todos sean perdonados, de modo que cuando estemos delante del tribunal de Dios, Jesús ya haya cumplido la pena en nuestro lugar.

RECIBIENDO EL PERDÓN

Ahora bien, podría ser que el grado en que hayamos hecho daño a otros parezca irrisorio comparado con la violación o con la violencia doméstica. Esto hace que escuchar que los perpetradores pueden ser perdonados gracias a la cruz de Cristo parezca una noticia menos buena. ¿Cómo puede existir equivalencia entre los "pecados" de una persona cualquiera y los actos violentos de un maltratador? El hecho de que los actos violentos de un violador y mi propensión a pegar gritos cuando me enfado necesiten el perdón por un igual hace que la buena noticia de Jesús parezca inmoral. Pero aquí es donde debemos tener mucho cuidado. La oferta que hace Dios del perdón por medio de la cruz de Cristo no significa que algo malo que suceda ya no tiene importancia, o que esa relevancia se vea *reducida* en cierto sentido; por el contrario, esos actos *importan*.

El perdón de Cristo admite la depravación absoluta y la malignidad de lo que se perdona, hasta el punto de que exige que el propio Dios tuviera que morir para pagar por ello. Y la magnitud de la cruz de Jesús radica en que todos y cada uno de los malos actos, pequeños o grandes, recaen individualmente sobre los hombros de Cristo. Para recibir el perdón divino que Él ofrece es necesario que cada uno de nosotros admita que lo necesitamos personalmente, que pongamos nombre a nuestros errores y malos actos, y que reconozcamos cuánto daño hemos hecho a otros.

En los casos en que la comisión de la violencia ha supuesto transgredir la ley (incluyendo todos los casos de violación, maltrato doméstico, abuso infantil o violencia contra los niños), también conlleva la confesión de esos crímenes y estar dispuestos a pagar la pena civil por ellos. El líder de los derechos civiles Dr. Martin Luther King escribió: "La paz genuina no es solo la ausencia de tensión; es la presencia de la justicia". El arrepentimiento cristiano no es un asunto privado, de modo que la persona genuinamente arrepentida que puede esperar recibir el perdón de Cristo no puede pensar que soslayará el castigo civil por un crimen que haya cometido. Un maltratador que se arrepienta sinceramente y se haga cristiano irá voluntariamente a la cárcel y pagará así la pena civil por el crimen que ha cometido, si se ha arrepentido de verdad. Para recibir el perdón, nuestra parte consiste en confesar y admitir el mal que hayamos hecho. En el caso de un maltratador, esta admisión significa entrar en un contexto que impida que haga daño a otros.

El perdón cristiano no dice que un pecado o una violación no importan; supone decir que realmente *importan*. Importan porque se ha perjudicado la misma imagen de Dios en un congénere humano, y esto significa que Dios, en Cristo, tuvo que sufrir el castigo por ello mediante una muerte espantosa, cuando Jesús padeció la separación de su Padre al llevar sobre Él aquel mal. El perdón de Dios no debe presentarse nunca con ligereza como una licencia para irse de rositas en esta vida, con impunidad de los crímenes cometidos. Sin embargo, sí que ofrece la posibilidad de tener una relación con Dios en medio de este mundo en tinieblas si admitimos el mal que hemos hecho en nuestra propia vida y nuestra necesidad de ayuda, de un Salvador. Cristo ofrece la promesa de esta redención por medio de su sufrimiento en la cruz y una relación que podemos disfrutar con Él ahora y en la eternidad. Cuando somos víctimas de la violencia, la cruz es muy preciosa: aquel que padeció violencia y vergüenza se acerca a nosotros. Cuando admitimos el horror pleno de nuestros malos actos y el impacto que tienen sobre nuestro prójimo humano (cuya vida y cuya consciencia son igualmente sagradas), la cruz es increíblemente poderosa. Dorothy L. Sayers escribió que:

> Ninguno de nosotros siente el genuino amor de Dios hasta que nos damos cuenta de lo malvados que somos. Pero a la gente no se le puede enseñar esto: tienen que aprenderlo por experiencia.[34]

---

34. Barbara Reynolds (ed.), *The Letters of Dorothy L. Sayers: Volume Three 1944-1950: A Noble Daring*, Cambridge: The Dorothy L. Sayers Society, Carole Green Publishing, 1998, p. 239.

De hecho, es precisamente en el momento en que admitimos nuestros propios errores cuando estamos en tesitura de experimentar de verdad el amor de Dios.

Dieciséis años después de que Larry Nassar abusara de ella por primera vez, la gimnasta olímpica estadounidense Rachel Denhollander decidió revelar públicamente que había sido una de las numerosas víctimas del médico del equipo de gimnasia de Estados Unidos. Cuando Nassar empezó a abusar de ella Rachel tenía quince años, y fue la primera en acusarle públicamente de ello.

Nassar fue declarado culpable de los crímenes, y Rachel tuvo ocasión de hablar directamente con la jueza antes de que esta emitiese sentencia. Ella comentó que el sistema de justicia criminal tiene dos propósitos esenciales: la búsqueda de la justicia y la protección de los inocentes. Basándose en ambas cosas solicitó que a Larry Nassar se le condenase a la máxima pena posible por sus crímenes. Pidió a la jueza que a la hora de tomar una decisión se centrara en una pregunta, que era la siguiente: ¿Cuánto vale una niña pequeña? ¿Cuánto vale una joven? Sostuvo firmemente que toda persona merece la máxima protección que pueda ofrecerle la ley, y eso significa que la pena aplicable tiene que ser la más severa posible.

Rachel habló directamente con el condenado, y le dijo que él había utilizado sus decisiones cotidianas para satisfacer sus deseos egoístas y pervertidos. Dijo que el condenado había llevado una Biblia a la sala del tribunal y había hablado de orar pidiendo perdón. Siguió explicando a Nassar que en la Biblia Dios nos ama tanto que estuvo dispuesto a sacrificarlo todo para expiar un pecado que no había cometido. Pero le advirtió que el perdón que Nassar parecía esperar de Dios no lo obtendría intentando ser bueno; tendría que venir de su arrepentimiento. Explicó que:

…el arrepentimiento exige enfrentarse a la verdad sobre lo que ha hecho, admitirla en toda su depravación y horror, sin paliativos, sin excusa, sin actuar como si las buenas obras pudieran borrar lo que han visto hoy en este tribunal. La Biblia que lleva dice que es mejor que se ate al cuello una piedra de molino y se arroje a un lago antes que hacer que un solo niño tropiece. Y usted ha herido a cientos.

Siguió advirtiéndole que la Biblia habla de un juicio final en el que la ira de Dios se derramará sobre personas como él. Señaló que si alguna vez él reconocía la enormidad de lo que había hecho, la culpa sería aplastante, pero que ella esperaba que él pudiera experimentarla y arrepentirse de verdad. Estaba dispuesta a concederle su perdón, pero esto no significaba, en modo alguno, que pidiera al tribunal que pasara por alto sus crímenes. Dijo:

Solicito que emita una sentencia que nos diga que lo que nos hicieron tiene importancia, que somos conocidas, que lo valemos todo, que somos dignas de la máxima protección que pueda darnos la ley, del grado más alto de justicia disponible.[35]

Larry Nassar fue condenado a 175 años de cárcel. Basándose en su fe cristiana, Rachel le ofreció su perdón personal *y* pidió la máxima sentencia para sus crímenes. Si la gente importa, la justicia también importa. La pregunta que pidió que la jueza tuviera en cuenta es muy profunda: ¿Cuánto pensamos que valen las personas en realidad?

Según la fe cristiana, las personas tienen una dignidad y un valor infinitos; toda persona ha sido creada a imagen de Dios, de modo que cuando se practica el mal, importa.

---

35. youtube.com/watch?v=2nEvHeEUnVE (consultada el 4 de abril de 2020).

Toda herida infligida duele más que el mero acto físico, precisamente porque ser humano es profundamente sagrado. ¿Dónde está Dios en este tipo de sufrimiento? Su imagen está aquí, en el que sufre, y promete que pedirá cuentas mediante juicio a todas y cada una de las personas que hayan perjudicado esa imagen en este mundo. Pero más que eso, Él mismo estuvo dispuesto a acudir a este mundo y someterse a un sufrimiento violento. El sufrimiento es el precio del amor, igual que el amor da pie a la posibilidad del sufrimiento. Pero, para Dios, el sufrimiento es un precio del amor que está dispuesto a pagar en persona. En Cristo, Dios ha padecido violencia, de modo que si yo padezco bajo las manos agresivas de otros, puedo recurrir en busca de ayuda y de consuelo a un Dios que no está remoto, distante, sino que tiene la capacidad de sobrellevar mi tristeza junto a mí. Dios estuvo dispuesto a sufrir con y por nosotros, ofreciéndonos la posibilidad real y tangible de la esperanza, la sanación, el perdón, la justicia y la redención en medio de un mundo oscuro y a menudo violento. También es el Juez último de todos y, al final, llevará ante su justicia a quienes cometen violencia. Esto significa que podemos tener confianza en que Dios llamará a los violentos a dar cuentas, y que quienes parecen librarse en esta vida de las consecuencias de sus crímenes tendrán que enfrentarse a la justicia en la próxima.

7
Las catástrofes naturales

"No podemos evitar el sufrimiento. Este sufrimiento
o aquel otro, sí, pero el sufrimiento no".
URSULA K. LEGUIN

En 2011, un terremoto en Japón mató a 29.000 personas. Pocos meses antes, en 2010, un terremoto en Hai-
tí acabó con 230.000 personas. En 2019, 7, 1 millones de
personas se morían de hambre; hubo una hambruna al sur
de Sudán. De hecho, desde 2016 en Yemen han muerto de
hambre más de 85.000 niños. En 2020, el virus Covid-19
pilló al mundo por sorpresa. La pandemia acabó con miles
de personas, y millones se han visto afectadas por las consecuencias económicas, sociales y sobre la salud del confinamiento impuesto por los gobiernos con la intención de
salvar vidas. En medio de todo este sufrimiento espantoso,
¿dónde está Dios?

El filósofo ateo David Hume resume el problema tal como
lo planteó el filósofo griego Epicuro:

¿Desea [Dios] evitar el mal pero no puede hacerlo? Entonces es impotente. ¿Puede hacerlo pero no

quiere? Entonces es malévolo. ¿Puede y quiere hacerlo? Entonces, ¿por qué existe el mal?[36]

Hume consideraba que este era un buen punto de partida para rechazar el cristianismo. Sostenía que por todo el mundo se producen catástrofes horribles, de modo que Dios no quiere o no puede ayudar. En cualquiera de los dos casos, no sería Dios. Por lo tanto, no es posible que exista.

Es un buen argumento. Si Dios es amor, ¿por qué no interviene? ¿Por qué dejar que la gente sufra y muera en huracanes, inundaciones, hambrunas y terremotos? Sin duda, los sucesos naturales que matan a cientos y a miles de personas son una evidencia poderosa e innegable de que Dios no existe, ¿no?

Toda cosmovisión debe enfrentarse al sufrimiento humano provocado por las catástrofes naturales. El ateísmo diría: "Así es como es la Tierra: simplemente, *hay* volcanes, tsunamis, terremotos e inundaciones. Así es la realidad, de manera que no tiene importancia en ningún sentido moral. No existe un marco moral dentro del que se crease este mundo, de modo que sería absurdo cuestionar la moralidad de un evento natural que, por casualidad, mata a personas". La pregunta se plantea directamente a los cristianos, que afirman que detrás del universo hay un Dios de amor. El ateísmo no tiene base para responder aquí, ni motivos para preguntar por qué.

Otros que siguen una influencia filosófica más oriental podrían decir que el universo está gobernado por el karma, de modo que las catástrofes naturales como las inundaciones o los terremotos afectan a las personas en un ciclo cósmico de recompensa y de retribución. En realidad, las personas que se ven atrapadas en crisis aparentemente azarosas están pagando por cosas que han hecho en esta vida, o quizá en algún ciclo de reencarnación anterior.

---

36. David Hume, *Diálogos sobre la religión natural*, 1779.

Pero, ¿qué tiene que decir un cristiano cuando se enfrenta al impacto devastador de sucesos naturales? ¿Tiene razón Epicuro? ¿Nos proporcionan esos sucesos evidencias de que Dios no es amor o no es poderoso, o de que no existe?

Vamos a reflexionar sobre algunas ideas que quizá nos ayuden a encontrar sentido a cómo podría haber un Dios de amor tras este mundo, en el que las personas se ven atrapadas por el sufrimiento como resultado de sucesos naturales.

La Biblia expone el argumento de que Dios es el creador del universo y de este mundo en el que vivimos. Y la Tierra que describe la Biblia es el mundo tal como lo conocemos, un mundo con montes y volcanes, océanos agitados y rugientes, y ríos que se salen de sus cauces. Los científicos nos dicen que nuestro universo comenzó a partir del Big Bang, y que vivimos sobre una tierra que en su interior tiene un núcleo ardiente de metal fundido, sobre el que flotan las placas tectónicas de nuestros continentes. Así es como funciona la Tierra geológicamente. Tal como señalaba un artículo en *Scientific American*:

> Nuestro planeta está en un flujo constante. Las placas tectónicas… chocan entre sí esporádicamente, de maneras que moldean nuestro planeta y, posiblemente, fomentan la vida.
>
> Esas placas se embisten entre sí, formando montañas. Luego se separan deslizándose, dando origen a nuevos océanos… Pasan rozándose, originando terremotos que hacen temblar la tierra. Y también se cuelan unas bajo otras en un proceso que se llama subducción, sumergiéndose en las entrañas del planeta y creando volcanes que proyectan gases a la atmósfera. Además, la Tierra no solo está viva, sino que es un contenedor de vida. Dado que es el único planeta conocido que tiene tectónica de placas (el

movimiento constante de placas tectónicas) y vida, muchos científicos creen que ambas cosas pueden estar relacionadas. De hecho, muchos investigadores sostenían que las placas móviles… son un ingrediente esencial para la vida.[37]

Según parece, la Tierra es única, un "contenedor de vida", y esto se debe en gran medida al movimiento de las placas tectónicas. Lo mismo que provoca la aparición de los volcanes, terremotos y tsunamis que matan a las personas es lo que hace que la vida sea posible. Así es como funciona el planeta. Podemos pensar en muchos ejemplos de cosas buenas que también pueden tener efectos catastróficos. La misma ley de la gravedad que permite que mi hijo vaya con seguridad a la escuela también le mataría si él saltase desde el tejado de nuestra casa. Génesis 1 nos dice que Dios hizo el mundo tal como es, "y vio que era bueno". Para que la vida fuera posible en la Tierra, debían suceder estos fenómenos naturales. La Biblia describe el mundo que tú y yo experimentamos, incluyendo sus erupciones volcánicas y sus terremotos, como la creación "buena" de Dios, un mundo en el que el movimiento de las placas tectónicas parece ser crucial para que la vida fuera posible ya de buen principio.

Pero no se trata solo de los orígenes de la vida. El movimiento de las placas tectónicas también es esencial para sustentar la vida en este mundo y para regular la temperatura del planeta. Katherine Huntington, geóloga de la Universidad de Washington, explica que:

> La comprensión de la tectónica de placas es una clave esencial para entender nuestro propio planeta y su habitabilidad. ¿Cómo se hace un planeta habitable

---

37. Shannon Hall, "Earth's Tectonic Activity May Be Crucial for Life — and Rare in Our Galaxy", *Scientific American*, 20 de julio de 2017.

y se mantiene la vida en él durante miles de millones de años? La tectónica de placas es lo que modula nuestra atmósfera a lo largo de la escala temporal más dilatada. La necesitas para retener el agua, para mantener la temperatura, para que la vida siga adelante.[38]

En otras palabras, para que la vida continúe siendo posible en la Tierra, necesitamos el movimiento de las placas tectónicas que provoca fenómenos naturales como son los volcanes, los tsunamis y los terremotos.

Vemos algo parecido con los virus. Una pandemia como el Covid-19, el SARS o la gripe aviar puede matar a miles de personas, pero cada número representa una persona, una vida humana preciosa. En 2020, una querida amiga mía perdió a su madre a consecuencia del coronavirus. Debido al confinamiento no pudo estar junto a la cama de su madre cuando murió, y no se permitía que más de dos familiares asistieran físicamente al funeral, debido a las restricciones gubernamentales con objeto de impedir la propagación del virus. ¿Cómo puede un Dios de amor permitir que existan unos virus que provocan semejante dolor y trauma en las familias?

Sin embargo, los virus se encuentran entre los seres más abundantes y diversos del planeta, y son cruciales para la vida. Marilyn Roossinck, de la Pennsylvania State University, dice que:

…los virus se han considerado tradicionalmente como patógenos, pero muchos confieren a sus anfitriones algún beneficio, y algunos son esenciales para el ciclo vital del mismo.[39]

38. Rebecca Boyle, "Why Earth's Cracked Crust May Be Essential for Life", *Quanta Magazine*, 7 de junio de 2018.
39. Roossinck, M., "The good viruses: viral mutualistic symbioses", *Nat Rev Microbiology* 9, pp. 99-108, 2011. https://doi.org/10.1038/nrmicro2491 (consultada el 9 de abril de 2020).

Ella explica que menos del uno por ciento de los virus son nocivos para sus anfitriones.[40] John Lennox escribe:

> Dado que la ciencia nos demuestra que la mayoría de virus son beneficiosos y que algunos son esenciales para la vida, ¿por qué tiene que haber patógenos que causan estragos? La pregunta clave para los teístas es esta: ¿no podría Dios haber creado un mundo sin patógenos virales? Esto nos lleva a todo un género de preguntas similares. ¿No podría Dios haber creado una electricidad que no fuese peligrosa o un fuego que no quemara?[41]

Si la inmensa mayoría de los virus es beneficiosa y no perjudicial para la vida, esto altera nuestra forma de enfocar la pregunta sobre el perjuicio potencial provocado por el 1% restante.

Otro aspecto de esto consiste en recordar que los fenómenos naturales que se pueden experimentar como catástrofes también han contribuido a la extraordinaria belleza del mundo. Cuando las placas tectónicas colisionan entre ellas y proyectan rocas hacia lo alto, donde la lluvia puede golpearlas con más fuerza, se forman montañas. Entonces, lentamente, la erosión lleva los nutrientes desde los montes hasta los océanos. Mi abuelo nunca fue más feliz que cuando contempló la belleza de los montes Engadine, en los Alpes suizos. Recuerdo que me quedé con la boca abierta la primera vez que los vi, a mis nueve años, desde la ventanilla de un tren. ¿Cómo era posible que la nieve fuera tan azul y tan blanca al mismo tiempo? No me había imaginado que pudiera existir semejante belleza. Cuando años más tarde llevé a mis tres hijos a esta

---

40. www.knowablemagazine.org/article/living-world/2018/why-viruses-deserve-better-reputation (consultada el 9 de abril de 2020).

41. John C. Lennox, *Where is God in a Coronavirus World?* The Good Book Company, 2020, p. 37.

misma cadena montañosa, supe que aquel panorama ensancharía para siempre sus mentes y sus imaginaciones.

Parece que los fenómenos naturales como las inundaciones, los tsunamis, la proliferación vírica y los terremotos son necesarios para la vida en este planeta; solo se consideran *catástrofes* porque matan y perjudican a los seres humanos. Como ya hemos visto, esa sensación intrínseca de ira y de tristeza que sentimos cuando las personas sufren algún daño (incluyendo a aquellas con quien no tenemos un vínculo personal) es en sí misma un indicador de la condición preciosa de la vida humana, creada a imagen de Dios. Sin duda la mejor explicación para nuestra reacción ante la pérdida de vidas humanas originada por una catástrofe natural es que la vida es preciosa y que tiene una fuente trascendente.

LA CAÍDA Y EL MUNDO NATURAL

Una faceta significativa más de esta pregunta para los cristianos es la historia de Génesis capítulo 3. Como hemos visto, el hombre y la mujer, Adán y Eva, comen del fruto del único árbol del que se les había advertido que no comiesen. Como resultado de su decisión, una de las cosas que se ve perjudicada es su armonía con el resto del orden creado. Dios expresa poéticamente esta alienación entre las personas y el mundo natural como una maldición, la consecuencia de decisiones morales que tomaron el hombre y la mujer. Génesis lo expresa de esta manera:

> *Maldita será la tierra por tu causa; con dolor comerás de ella todos los días de tu vida. Espinos y cardos te producirá, y comerás plantas del campo. Con el sudor de tu rostro comerás el pan hasta que vuelvas a la tierra, porque de ella fuiste tomado; pues polvo eres, y al polvo volverás.*
>
> GÉNESIS 3:17-19

¿Es posible que la Biblia esté describiendo el impacto del egoísmo humano sobre el tejido mismo y el medio ambiente de la Tierra? Las decisiones morales humanas han conducido a un deterioro de la afiliación entre la humanidad y el resto del orden creado. Algunos teólogos han extrapolado una conexión entre esta "caída" de la humanidad y nuestra alienación del mundo natural para ampliarla a un sistema de alarma que puede ayudarnos a sobrevivir a fenómenos naturales, un sistema parecido al que parecen tener algunos animales.

El 26 de diciembre de 2004 un enorme tsunami arrasó el océano Índico, matando a más de 150.000 personas en una docena de países. Pero, sorprendentemente, murieron relativamente pocos animales. ¿Cómo pudieron percibir la catástrofe inminente? En 2005, *National Geographic* publicó un artículo titulado "¿Percibieron los animales que se acercaba un tsunami?". El artículo señalaba que:

> Antes de que unas olas gigantes impactasen contra las costas de Sri Lanka y de India hace diez días, los animales silvestres y los domésticos parecieron presentir lo que se avecinaba y huyeron en busca de lugares seguros… Ravi Corea, presidente de la Sociedad para la Conservación de la Vida Salvaje de Sri Lanka, que tiene su sede en Nutley, Nueva Jersey, se encontraba en Sri Lanka cuando llegaron las olas colosales… Corea no vio ningún cadáver de animal, ni el personal del Parque Nacional de Yala encontró ninguno, aparte de dos búfalos de agua que habían muerto, tal como declaró él. A lo largo de la costa india de Cuddalore, donde murieron miles de personas, el servicio informativo Indo-Asian News informó de que se habían encontrado ilesos búfalos, cabras y perros.[42]

---

42. Maryann Mott, "Did Animals Sense Tsunami Was Coming?", *National Geographic*, 4 de enero de 2005.

Los fenómenos naturales son necesarios para que la Tierra permita la vida y la sustente. Por sí mismos, no son nocivos ni aberrantes. El mismo tipo de sucesos naturales que provocan miseria y angustia son también responsables de crear una belleza natural sobrecogedora. ¿O quizá el problema estriba es que, como seres humanos, y a consecuencia de la caída descrita en Génesis, hemos perdido nuestra capacidad innata de predecir, y así protegernos de esos fenómenos naturales?

Pero, ¿dónde nos deja en realidad esta hipótesis? Frente a cualquier tipo de sufrimiento, es totalmente comprensible que busquemos culpar a alguien. De modo que, cuando unos niños mueren por una catástrofe natural, quizá queramos señalar a Dios con el dedo y echarle la culpa. Pero la realidad es que por medio de la experiencia, la ciencia e incluso la Escritura *sabemos* que como seres humanos vivimos en un mundo en el que somos vulnerables a los fenómenos naturales; forman parte de nuestro planeta. Y, como raza humana, tenemos recursos intelectuales y materiales para mitigar los efectos de tales fenómenos. Pero, ¿usamos individual y colectivamente esos recursos para ayudar a otros? La realidad es que la inmensa mayoría de personas que padecen y mueren a consecuencias de catástrofes naturales son aquellas que se han visto subyugadas por la pobreza, viven en edificios mal construidos, tienen un mal gobierno, padecen la corrupción o el legado que el egoísmo ajeno ha dejado sobre su medio ambiente. Si queremos acusar a Dios de negligencia moral, ¿no somos nosotros, como seres humanos, al menos igual de culpables que él?

Entonces, ¿cómo enfocan los cristianos un terremoto o una inundación que matan a miles de personas? La cultura judía durante los tiempos de Jesús había empezado a establecer un estrecho vínculo causa-efecto entre los malos actos de un individuo y una catástrofe. Parecían creer en un concepto inmutable de que "a los malos les pasan cosas malas". Pero Jesús negó explícitamente esto cuando le preguntaron al respecto:

> *En este mismo tiempo estaban allí algunos que le contaban acerca de los galileos cuya sangre Pilato había mezclado con los sacrificios de ellos. Respondiendo Jesús, les dijo: ¿Pensáis que estos galileos, porque padecieron tales cosas, eran más pecadores que todos los galileos? Os digo: No; antes si no os arrepentís, todos pereceréis igualmente. O aquellos dieciocho sobre los cuales cayó la torre en Siloé, y los mató, ¿pensáis que eran más culpables que todos los hombres que habitan en Jerusalén? Os digo: No; antes si no os arrepentís, todos pereceréis igualmente.*

LUCAS 13:1-5

A Jesús le preguntaron sobre un incidente concreto, una muestra de sufrimiento injusto, que había sucedido hacía poco. Le preguntaron si las personas a las que había asesinado Pilato habían hecho algo para merecerlo. Él amplió su respuesta para englobar el sufrimiento aleatorio de aquellos que murieron cuando les cayó encima una torre y los aplastó. Y su respuesta en ambos casos fue un rotundo, ¡no! Los cristianos que siguen a Jesús no ven una catástrofe natural y piensan: "¡Vaya, esa gente tiene que haber hecho algo para merecerlo!". Los cristianos *no* deben juzgar a los que sufren. Pero el sufrimiento de las personas en esas catástrofes *sí* que es un recordatorio para nosotros de que la vida es corta, y de que esta vida no es la única que hay. Todas y cada una de las personas de la historia morirá y se enfrentará a un juicio. Los terremotos y otros fenómenos no son en sí mismos actos directos de juicio, pero sí *recordatorios* de este. Se pueden interpretar como una advertencia de que no nos acomodemos demasiado en esta vida, pensando que lo tenemos todo controlado y no necesitamos a Dios.

Pero, por encima de todo, cuando un cristiano o cristiana ve un terremoto, una pandemia o un tsunami que mata o hiere a personas, debe recordar que el valor supremo de cada persona afectada por esa catástrofe es algo real. La sacralidad de la vida, fundamentada en la imagen de Dios, es el fundamento para nuestra reacción ante esa catástrofe. Tenemos buenos motivos para sentir ira y tristeza, pero también el mandato real de responder con compasión, generosidad y altruismo. Por este motivo, a pesar de todos los errores de la Iglesia, adondequiera que han ido seguidores de Jesús han sido conocidos por su caridad y su filantropía.

El mundo antiguo no miraba con buenos ojos a los pobres. La actitud de Platón era típica:

> El hombre que padece hambre o algo semejante no es quien merece piedad, sino aquel que, poseyendo templanza o una virtud de algún tipo… obtiene además una fortuna por medios ilícitos. En nuestro estado no habrá mendigos, y si alguien intenta mendigar, los vigilantes del mercado lo echarán del mismo, y la junta de administradores de la ciudad lo expulsará de ella, y en cualquier otro distrito será expulsado más allá de la frontera por los vigilantes nacionales, de modo que el territorio se vea totalmente libre de semejantes criaturas.[43]

Como contrapartida a esta actitud tan extendida, desde los tiempos más remotos, los cristianos fueron conocidos por su caridad. Un libro cristiano temprano, *El pastor de Hermas*, señalaba reiteradamente el deber cristiano de cuidar de las viudas y de los huérfanos. Clemente de Roma, otro escritor

---

43. Platón, *Laws* 11.936 B-C, trad. R. G. Bury, vol. III, Heinemann, 1926, p. 465.

cristiano antiguo, alababa la hospitalidad y en su carta a los cristianos en Corinto les alababa porque era la virtud que más destacaba de ellos. Cuenta que muchos cristianos fueron voluntariamente a la cárcel para liberar a otros, y muchos de ellos se hicieron esclavos para que el dinero pagado por ellos pudiera usarse para comprar la libertad de otros. En su carta a Policarpo, Ignacio dice que las comunidades usaban sus recursos para liberar esclavos.[44]

Esta es una tendencia que se ha perpetuado hasta nuestros tiempos. Los estudios realizados en Estados Unidos demuestran que la asistencia a la iglesia es un indicador clave de la ofrenda caritativa en general,[45] y más concretamente de la ofrenda destinada a causas internacionales. En Gran Bretaña, un informe de 2016 de la ONG Cinnamon Network calculaba que dos millones de personas procedentes de grupos religiosos, en su mayoría voluntarios de iglesias, dedicaban más de 384 millones de horas anuales a proyectos como la gestión de bancos de alimentos, el asesoramiento sobre deudas y respaldo a la familia. 288 millones de esas horas no son remuneradas. Por lo tanto, a cada año que pasa más de 47 millones de personas al nivel nacional reciben apoyo de grupos religiosos. Se estudiaron 2000 grupos religiosos de todo el Reino Unido y, usando el salario digno nacional para valorar el tiempo dedicado por todos esos grupos, el estudio concluyó que 3000 millones de libras, o el equivalente al 0, 4 % del gasto público planificado por el gobierno británico para 2015/2016, los donaban personas religiosas para el bienestar público.[46]

---

44. I. Zeipel, *Economic and Ethical Views of Fathers of the Church*, Moscú, 1913, p. 249.

45. René Bekkers y Pamala Wiepking, "Who gives? A literature review of predictors of charitable giving part one: religion, education, age and socialization", *Voluntary Sector Review* 2, n° 3. 2011: 337-365.

46. www.cinnamonnetwork.co.uk/wp-content-uploads/2019/10/26081-National-Report-CFAAR-20pp-2016-AW_hr.pdf (consultada el 17 de abril de 2020).

En palabras de Epicuro, bien podemos formularnos esta pregunta: ¿Dios quiere o puede ayudar? Es precisamente a este terreno al que Jesús llama a la Iglesia: a que sean sus manos y sus pies en un mundo quebrantado y moribundo. Dios en Cristo no se mantuvo a distancia, sino que trató con el mal en nuestro mundo roto al sufrir por nosotros en la cruz. Y de la misma manera que Cristo murió por amor a otros, a los creyentes se les llama a estar dispuestos a sacrificarse, sufrir y morir. Y las estadísticas parecen demostrar que esto es lo que está pasando. Aunque la Iglesia fracase en muchas cosas, las evidencias sugieren que, en este sentido, los cristianos siguen recorriendo el camino de Jesús.

8
El sufrimiento sistémico

"Hay demasiadas personas que sufren en silencio. No es que no deseen buscar ayuda; es que lo han intentado y no han encontrado a nadie que quisiera ayudarles".

RICHELLE E. GOODRICH

¿Cómo se siente alguien atrapado en un ciclo sistémico de sufrimiento? En Peckham, al sureste de Londres, donde viví siete años, muchas familias han vivido cinco generaciones de desempleo, olvido, analfabetismo y pobreza. Si no se ha experimentado en persona, es difícil imaginar sufrir por estar atascado en un sistema sin rostro, impersonal, cuyos engranajes nunca se detienen.

Recuerdo llevar a la consulta del médico a una amiga que tenía cinco hijos, para ayudarla a moverse por el sistema sanitario en beneficio de su hijo más pequeño. Aquella mujer vibrante nunca había aprendido a leer. Cuando estábamos sentadas en la sala de espera, me di cuenta, de repente y asombrada, de que muchísimas de las iniciativas y sistemas creados para ayudarla le exigían que supiera leer los carteles de la pared, el folleto que tenía en la mano o el mensaje en la pantalla, y eso solo para aspirar a recibir algo de ayuda.

Percibí un atisbo del miedo y de la desorientación que debía sentir frente a las expectativas de los demás.

Las personas pudientes tendemos a seguir con nuestra vida e intentamos no pensar demasiado en el sufrimiento sistémico, sobre todo porque el precio del teléfono que llevamos en el bolsillo, de las prendas que nos ponemos, del chocolate que tanto nos gusta y las verduras frescas que tenemos en nuestros platos son asequibles gracias a un sistema mundial según el cual personas que viven muy lejos viven con salarios misérrimos. El sistema funciona para mí y para los míos, de modo que no es algo de lo que tenga que preocuparme demasiado. Pero luego, de vez en cuando, nuestra burbuja explota y nos llegan las noticias del exterior, fuera del ámbito limitado de nuestra experiencia personal.

Cuando en 2010 los trabajadores chinos de la fábrica principal de iPhone en China empezaron a suicidarse en gran número, se convirtió en noticia en el mundo occidental. La corporación llegó hasta el punto de instalar grandes redes en la fachada de muchos edificios para detener los cuerpos de quienes saltaban. La empresa contrató a psicólogos y obligó a los trabajadores a firmar un documento por el que se comprometían a no intentar suicidarse. La popularidad del iPhone siguió aumentando.

En un lugar más cercano a mí, Gran Bretaña se sobrecogió en diciembre de 2018 al enterarse de que un sin techo de 43 años había muerto de frío delante del Parlamento, mientras los miembros de este debatían sobre legislación dentro de la cámara. Al hombre, llamado Gyula Remes, lo encontraron miembros de la Policía Británica de Transporte delante de la estación de metro de Westminster, justo enfrente de las casas del Parlamento. Una mujer que lo conocía declaró a la BBC: "Anoche tenía la piel azulada, pero todo el mundo pasó a su lado como si él no importase nada". En el siglo XXI, en una nación pudiente, democrática y libre, un hombre muere a las puertas del Parlamento porque era demasiado pobre como para calentarse. Había encontrado un empleo en el que debía empezar dentro de dos semanas, pero no fue lo bastante pronto para salvarle la vida.

En los países en los que unas élites corruptas y privilegiadas mantienen sumida en la pobreza a la mayor parte de la población, el sufrimiento humano abunda. Aleksandr Solzhenitsyn, que soportó la tiranía de Stalin en la Unión Soviética y fue enviado a un gulag, escribió: "El poder sin límites en manos de personas limitadas siempre conduce a la crueldad". El hecho es que las personas pueden verse atrapadas en una injusticia sistémica más amplia que no es un resultado directo de sus decisiones, de que su cuerpo les falle, de un accidente al azar o del sufrimiento particular de la violencia que utiliza un individuo para imponer su voluntad a otro. Este sufrimiento sistémico ostenta un tipo especialmente amargo de poder, porque deshumaniza a las personas en una escala masiva.

Kalerwe es un enorme suburbio urbano situado al norte de Kampala, la ciudad más grande de Uganda. Kalerwe se extiende en un terreno bajo, que a lo largo de la historia ha sido una llanura aluvial. No tiene alcantarillado, de modo que es frecuente que las letrinas y los desagües inunden los caminos y propaguen enfermedades. Kalerwe es también el hogar de Rachael, a la que conocí cuando llegó para estudiar la materia que imparto en Oxford. Por medio de ella he llegado a conocer mucho sobre la situación en que viven las mujeres en África oriental, y concretamente las que han nacido en la pobreza.

He descubierto que es mucho menos probable que su sociedad piense que las niñas son tan dignas como los niños de que paguen por ellas el precio necesario para que reciban enseñanza, y como resultado muchas mujeres se ven atrapadas en el ciclo de la pobreza. He descubierto que las niñas ya a los once años corren un riesgo muy algo de pasar por un matrimonio concertado, sufrir una violación o caer en la prostitución, y que entregarlas a este tipo de destino puede suponer un golpe de suerte para la familia. He descubierto que cuando las niñas empiezan a tener la menstruación no pueden ir a la escuela a menos que alguien las ayude a controlar sus periodos, y que tener la menstruación las convierte en blancos más apetecibles de una violación. He descubierto que la triste situación de una niña es desesperanzadora desde el punto de vista humano, si no interviene alguien como Rachael. He pasado un tiempo en Kalerwe, escuchando de primera mano las experiencias vitales de muchas de estas muchachas, y enterándome de sus luchas contra un muro sólido de maldad sistémica y de desesperanza.

¿Dónde está Dios? ¿Tiene Dios alguna importancia frente a esos montes inmensos de degradación y de sufrimiento humanos, como los que encontramos en Kalerwe y en otros mil barrios marginales por todo el mundo?

RESPUESTAS

La Biblia habla de la experiencia humana de verse atrapados en el sufrimiento sistémico. El Antiguo Testamento dedica todo un libro, Éxodo, a hablar de la experiencia de un pueblo esclavizado y de su viaje desde la esclavitud en Egipto hasta los retos que planteaba ser un pueblo nómada. El profeta Jeremías, en el Antiguo Testamento, escribe sobre su pueblo exiliado y oprimido por una potencia extranjera. Un salmista expresa la opresión generacional de la invasión y el gobierno extranjeros diciendo: "Junto a los ríos de Babilonia, allí nos sentábamos, y aun llorábamos" (Salmos 137). Hay un libro entero de la Biblia dedicado a un análisis del sufrimiento y al lamento de un pueblo asolado por la guerra, la violencia y la muerte; se llama Lamentaciones. Los cuatro Evangelios versan sobre la vida de Jesucristo, que nació siendo judío en un territorio ocupado, hijo de una madre adolescente y refugiada. Más tarde Jesús sería acusado injustamente y juzgado por un sistema poderoso y corrupto formado por opresores romanos y colaboracionistas.

En la Biblia no se ignora ni se esconde el sufrimiento producido por la injusticia sistémica. Es un tema destacado tanto en el Antiguo como en el Nuevo Testamento, y un punto importante del ministerio de Jesús. Cuando empezó su ministerio docente, lo hizo de la siguiente manera:

> *Vino a Nazaret, donde se había criado; y en el día de reposo entró en la sinagoga, conforme a su costumbre, y se levantó a leer. Y se le dio el libro del profeta Isaías; y habiendo abierto el libro, halló el lugar donde estaba escrito:*
>
> *El Espíritu del Señor está sobre mí,*
> *Por cuanto me ha ungido para dar buenas nuevas a los pobres;*
> *Me ha enviado a sanar a los quebrantados de corazón;*
> *A pregonar libertad a los cautivos,*
> *Y vista a los ciegos;*
> *A poner en libertad a los oprimidos;*
>
> *A predicar el año agradable del Señor.*
>
> *Y enrollando el libro, lo dio al ministro, y se sentó; y los ojos de todos en la sinagoga estaban fijos en él. Y comenzó a decirles: Hoy se ha cumplido esta Escritura delante de vosotros.*
>
> LUCAS 4:16-21

La afirmación de Jesús parece estar declarando que es Dios, y que su misión consiste en traer justicia, misericordia y bondad a los oprimidos. Además, parece que esperaba que sus seguidores hicieran lo mismo. De hecho, los primeros cristianos, ya en los documentos más antiguos existentes, cuando se veían atrapados por la injusticia sistémica eran conocidos por el amor práctico de unos por otros y hacia personas que no compartían su fe. Por ejemplo, en su carta Santiago dice: "La religión pura y sin mácula delante de Dios el Padre es esta: Visitar a los huérfanos y a las viudas en sus tribulaciones..." (Santiago 1:27). La enseñanza habitual de la Iglesia primitiva se ha conservado en un documento llamado *Didaché*, que podría traducirse como "enseñanzas" u "homilías". Pertenece al siglo I, y condensa la enseñanza más temprana y vital de las primeras comunidades cristianas. El autor exhorta a los cristianos a "dar a todo aquel que os pida, sin buscar recompensa alguna, pues el Padre se complace en que compartamos su generosidad con todos los hombres".[47]

A principios del siglo II, el líder de una iglesia llamado Hermas sostuvo en su influyente obra *El pastor de Hermas* que el principal requisito de los ricos para demostrar la genuinidad de su fe cristiana era ayudar a los pobres: "Asistid a las viudas, visitad a los huérfanos y a los pobres, rescatad a los siervos de Dios, manifestad hospitalidad, ayudad a los deudores oprimidos en su necesidad".[48] En el siglo II, el líder cristiano Ignacio de Antioquía caracterizaba a los herejes como aquellos que "no tienen interés por el amor; no cuidan de las viudas, los huérfanos o los oprimidos; ni de los esclavos ni de los libres; de los hambrientos o de los sedientos".[49] Durante una terrible epidemia que acabó con miles de personas en el siglo III, Dionisio escribió en una carta de Pascua, en torno al año 260 d. C., que un número considerable de líderes de iglesias, diáconos y seglares perdieron sus vidas mientras ayudaban a otros:

---

47. *Didaché*, 1. 1, 5. Citado en William J. Walsh y John P. Langan.
48. *Shepherd of Hermas Mandates* 8:10. Citado en Walsh y Langan, p. 115.
49. *Ad Smyrnaeans*, 6. 2. Citado en Justo L. González, *Faith and Wealth: A History of Early Christian Ideas on the Origin, Significance, and Use of Money* (Harper and Row, 1990), p. 101.

La mayoría de nuestros hermanos cristianos manifestó un amor y una lealtad sin límites, sin pensar en sí mismos, solo en los demás. Sin tener en cuenta el peligro, se ocuparon de los enfermos, satisfaciendo sus necesidades y ministrándoles en Cristo, y junto con ellos partieron de esta vida con una serena felicidad... Muchos, al cuidar de otros y curarlos, transfirieron la muerte a sí mismos y fallecieron también... los mejores de nuestros hermanos perdieron su vida de esta manera; un elevado número de presbíteros, diáconos y laicos obtuvieron así grandes alabanzas, de modo que la muerte por esta causa, resultado de una gran piedad y una fe firme, parece ser en todos los sentidos un equivalente del martirio.[50]

La fe cristiana del principio era indistinguible del amor práctico por los pobres y por quienes estaban sufriendo. En el siglo IV, el cristianismo había ganado mucho terreno en el Imperio romano. Pero cuando el sobrino del emperador Constantino, Juliano, quiso devolver el imperio a sus raíces paganas, descubrió que la caridad cristiana hacia los pobres era un obstáculo importante. Escribió una carta al sumo sacerdote pagano Arsacio, diciendo que era vergonzoso que los judíos y los galileos (cristianos) nunca tuvieran que pedir limosna porque cualquiera que estuviese sumido en la pobreza recibía el apoyo de las comunidades cristianas. Exhortó a sus compañeros paganos a que siguieran ese ejemplo si querían tener alguna esperanza de resistirse al crecimiento del cristianismo: "Enseñad a los de la fe helénica a que contribuyan al servicio público de este tipo".[51]

En diciembre de 2018 un periódico indio publicó un artículo que reflexionaba sobre la frecuencia con la que los

---

50. Rodney Stark, *The Rise of Christianity*, HarperSanFrancisco, 1997, p. 82.
51. Citado en Peter Brown, *Poverty and Leadership in the Later Roman Empire*, Brandels University Press, 2001, p. 2.

líderes religiosos y los gurús adulan a los poderosos y buscan el dinero, pero cuán radicalmente Cristo se opone a esas normas. El titular de *The Wire* decía: "¿Cómo le habría ido a Jesús entre los santones indios contemporáneos?". El autor, Rohit Kumar, analizaba cómo le habría ido a Jesucristo, o Yeshu Baba, como él le llama, si fuera un santón indio (Baba) en nuestra época. Comentaba que

> ...el respaldo económico de los ricos es esencial para la carrera de cualquier Baba, motivo por el cual los Babas con mayor éxito cultivan asiduamente la amistad de los adinerados. No deberíamos recriminarles que dediquen la mayor parte de su tiempo a ministrar a aquellos que tienen los medios necesarios para sufragar su actividad. La perspicacia comercial dicta servir espiritualmente a quienes pueden respaldarte, y no perder demasiado tiempo ni energías en la muchedumbre de pobres.

Kumar había decidido leer los Evangelios de Mateo, Marcos, Lucas y Juan en el Nuevo Testamento, para ver cómo se manejaba Jesús. Su conclusión fue que:

> Si hubiera vivido ahora, seguramente no habría contado con la simpatía de los ricos, los poderosos y los religiosos. Por otro lado, sí que habría llamado mucho la atención de los marginados, las feministas y los liberales... Defensor del servicio, enemigo del ritualismo, favorecedor de los pobres, opuesto al proselitismo, defensor de las mujeres y contrario al patriarcado, pro libertades, anti ortodoxia; la carrera de Yeshu Baba como santón habría acabado antes de empezar.[52]

---

52. thewire.in/religión/how-would-jes-shave-fared-amongst-contemporary-indian-godmen (consultada el 4 de abril de 2020).

En un mundo que disfruta de la herencia de 2000 años de caridad cristiana, puede ser fácil olvidar lo significativo que fue el impacto de Jesús sobre la humanidad como instigador de un movimiento que fomenta el valor de todo ser humano, con el imperativo de hacer algo práctico para responder a la pobreza y al sufrimiento sistémico. John Gray, un filósofo ateo, dijo:

> Una de las cosas sobre las que llamo la atención de los humanistas seculares es que este aspecto de la moralidad liberal (no ser cruel con otros) no aparece apenas en la moralidad precristiana. Es un regalo del cristianismo y de la herencia teísta y judía que el cristianismo perpetuó.[53]

La enseñanza de Jesús ha inspirado a los cristianos a trabajar en beneficio de quienes padecen la injusticia sistémica. William Wilberforce, con su visión de llevar a cabo la abolición del comercio de esclavos en el Atlántico durante su vida, o el conde de Shaftesbury, quien luchó por la reforma del trabajo infantil y fabril, buscando mejores condiciones para los seres humanos atrapados en la Revolución Industrial, son ejemplos bien conocidos de este impulso hacia la justicia social.

Por supuesto, lo cierto es que a lo largo de los últimos 2000 años los cristianos también han figurado a menudo en el bando equivocado de la justicia. Si bien Wilberforce abogó por la abolición del comercio de esclavos, los obispos de la Iglesia de Inglaterra tuvieron esclavos, y muchos de los peores traficantes se calificaban de cristianos. Aunque muchas de las primeras sufragistas en el Reino Unido se inspiraron en imágenes bíblicas y fueron impulsadas también

---

53. www.newstatesman.com/2018/11/john-grayrowan-williams-conversation-christianity-atheism-cambridge-literature-festival

por su fe, muchos miembros de la Iglesia institucional se esforzaron por mantener el dominio masculino y se resistieron a los movimientos que pedían el voto para las mujeres. Las iglesias institucionales en Estados Unidos y en Gran Bretaña no han reaccionado con justicia ante las víctimas del maltrato infantil que han exigido justicia cuando sacerdotes o miembros del clero habían abusado de ellos y ellas, sin que ni obispos ni otros responsables les hayan prestado atención.

No podemos pasar por alto esta verdad como si tal cosa: la Iglesia ha hecho muchas cosas que han sido buenas por lo que respecta a la justicia social, pero ha habido muchos casos de cristianos individuales y de la Iglesia institucional que han fracasado miserablemente a la hora de representar a Cristo y su ética. En mi caso, la pregunta clave cuando procuro encontrar sentido a una amalgama tan confusa de bien y mal es esta: ¿cuál es el fundamento para estas acciones y posturas? Cuando leemos el Antiguo Testamento o estudiamos el ejemplo y las enseñanzas de Jesús, la conclusión clara y lógica es que la cosmovisión cristiana confiere valor al cuidado de nuestro prójimo, y nos proporciona el imperativo práctico de cuidar de los pobres. Y es por eso que la inspiración para fundar escuelas y hospitales, para luchar por condiciones de vida decentes para los niños o para cuidar de los enfermos terminales, ha sido una fuerza impulsora de la misión cristiana a pesar de todos los enredos del colonialismo y del imperio en los avances más recientes de la historia de la Iglesia durante los últimos 200 años. La ética de Jesús sigue llamando a sus seguidores a demostrar el amor de Dios de maneras prácticas en este mundo lleno de dolor, sistémicamente injusto.

¿Dónde está Dios en el sufrimiento sistémico de las personas? Está presente en sus seguidores, que luchan para derrocar esos sistemas en medio de las tinieblas de este mundo, y traer el amor, la luz y la verdad de la presencia de Dios a todos los que las reciban. Está presente en la intuición de quien sufre y quien observa que no es así como deberían ser las cosas. Estuvo dispuesto a someterse en persona a la injusticia sistémica: a ser juzgado y condenado injustamente a muerte. Un Dios que padece y que desafía la injusticia sistémica no está remoto ni distante de este mundo. De hecho, hay un lugar que podemos observar con mayor detalle y que hace que se vea más claramente la participación de Dios en el mundo.

Es un lugar llamado Calvario.

9
El siervo sufriente

"Fíjate cómo una sola vela puede desafiar y definir la oscuridad".

ANNA FRANK

"Ciertamente llevó *él nuestras enfermedades, y sufrió nuestros dolores*".

ISAÍAS

¿Qué motivo habría para que la historia hubiese estado esperando a un Dios que estaba dispuesto a sufrir? Un profeta del Antiguo Testamento llamado Isaías predijo con palabras muy hermosas la llegada al mundo de un "siervo del Señor" que voluntariamente padecería dolor y llevaría un castigo por las transgresiones de otros. Isaías pronunció estas palabras siete siglos antes de que naciera Jesucristo:

> *¿Quién ha creído a nuestro anuncio? ¿y sobre quién se ha manifestado el brazo de Jehová? Subirá cual renuevo delante de él, y como raíz de tierra seca; no hay parecer en él, ni hermosura; le veremos, mas sin atractivo para que le deseemos. Despreciado y desechado entre los hombres, varón de dolores, experimentado en*

quebranto; y como que escondimos de él el rostro, fue menospreciado, y no lo estimamos.

ISAÍAS 53:1-3

Este "siervo del Señor" aparece en una serie de pasajes del libro de Isaías. Algunos entendían esta figura del siervo como un Mesías (un *ungido* muy esperado), que vendría en la historia y sufriría por el pueblo.

Este siervo sufriente recuerda mucho a Jesús. Nació en este mundo como judío, y creció durante los tiernos años de la infancia como un individuo anónimo que acabaría siendo despreciado y rechazado por el pueblo, y que conocería el sufrimiento y el dolor del mundo en el momento de su crucifixión.

Cuando Isaías continúa con su profecía, comenta que el siervo será traspasado, molido, castigado, que sobre él se echarán transgresiones y que será oprimido y afligido. No parece una misión muy halagüeña para esta vida. Isaías escribe:

Ciertamente llevó él nuestras enfermedades, y sufrió nuestros dolores; y nosotros le tuvimos por azotado, por herido de Dios y abatido. Mas él herido fue por nuestras rebeliones, molido por nuestros pecados; el castigo de nuestra paz fue sobre él, y por su llaga fuimos nosotros curados. Todos nosotros nos descarriamos como ovejas, cada cual se apartó por su camino; mas Jehová cargó en él el pecado de todos nosotros.

ISAÍAS 53:4-6

Aquí, cientos de años antes de que Jesús muriese sometido a la crucifixión romana, Isaías profetizó que una persona especial entraría en la historia humana y que "cargaría el pecado de todos nosotros". Sería alguien que llevaría nuestros pecados, nuestra culpa, nuestra vergüenza, nuestros remordimientos; sería un dios que sufriría en nuestro lugar.

Este anhelo de un dios que sufre supone un contraste directo con los famosos rasgos de las deidades grecorromanas. Estos dioses y diosas del mundo antiguo eran personajes que debían ser aplacados, temidos, obedecidos e invocados. Aunque en el mundo antiguo había dioses y diosas que murieron (como Perséfone, Dionisos y Osiris), no existía el concepto de una deidad empática o que se sacrificase. Un dios siervo y sufriente también es ajeno a las enseñanzas y a las preferencias de Buda. El budismo entiende el sufrimiento como *dukkha*, algo que hay que evitar a toda costa. Como hemos visto, para el propio Buda eso supuso llevar una vida de despego, dado que el deseo y el apego conducen, en última instancia, al *dukkha*. Vivió lo que creía, abandonando para siempre su hogar la noche en que nació su hijo, para no regresar jamás con su esposa ni mantener contacto con ellos. Un dios sufriente, que padeciera por nosotros, supone un contraste radical con los ideales del hinduismo, donde el sufrimiento es una forma de retribución kármica que garantiza que no se pase por alto ningún acto malvado en una encarnación previa. Un dios que sufre es una anomalía para el islam, que enseña que el sufrimiento se entiende como una debilidad; Dios no permitiría que un profeta sufriera, y mucho menos se degradaría sufriendo. Pero el Dios sufriente es crucial para la fe cristiana, y la cruz de Jesús se encuentra en el meollo de toda expresión y de la comunidad de los seguidores de Jesús.

En una pared en ruinas de la Roma antigua se ha encontrado un dibujo donde se plasma lo absurdo que pareció el mensaje cristiano a las personas de aquel tiempo. Se trata de una caricatura de la crucifixión de Jesús, donde se ve a un hombre colgado de una cruz, pero el cuerpo tiene la cabeza de un asno (ver página siguiente). También aparece la figura de un joven que levanta las manos al cielo como si adorase. Bajo el dibujo hay una inscripción: "¡Alexamenos adora a su Dios!". *¿Un dios crucificado?* Era algo extraordinario, digno de que se riese de ello un grafitero burlón. Las deidades griegas y romanas eran superiores, distantes, orgullosas, remotas, pero nunca humildes, altruistas y, sin duda, nunca amorosas. Un Dios que entrase en nuestro mundo de dolor y muriese por nosotros, fuera menospreciado, avergonzado, que sufriera para pagar un precio por nosotros, resultaba tremendamente hilarante para la cultura del siglo I.

Isaías continúa con su profecía:

> *Angustiado él, y afligido, no abrió su boca; como cordero fue llevado al matadero; y como oveja delante de sus trasquiladores, enmudeció, y no abrió su boca. Por cárcel y por juicio fue quitado; y su generación, ¿quién la contará? Porque fue cortado de la tierra de los vivientes, y por la rebelión de mi pueblo fue herido. Y se dispuso con los impíos su sepultura, mas con los ricos fue en su muerte; aunque nunca hizo maldad, ni hubo engaño en su boca.*

> Isaías 53:7-9

Jesús fue crucificado entre dos ladrones, y sepultado luego en la tumba de un hombre rico llamado José de Arimatea...

> *Verá el fruto de la aflicción de su alma, y quedará satisfecho; por su conocimiento justificará mi siervo justo a muchos, y llevará las iniquidades de ellos.*

> Isaías 53:11

La teología contenida aquí es impresionante. La violencia de esta muerte es impactante. Todo a lo largo del Antiguo Testamento encontramos profecías sobre el Mesías, el príncipe ungido que regresaría para traer paz y justicia. Pero aquí Isaías predice que sucedería lo más increíble que pudiera imaginar nadie: el Mesías, que supuestamente pondría fin a la violencia y a la justicia, abriendo el camino a la paz, sería víctima de un asesinato. Sería "cortado de la tierra de los vivientes", expresión que indica una muerte violenta. Sería "traspasado", atravesado, sufriendo una muerte atormentadora y dolorosa.

Parece que Isaías sugiere que el Mesías pondría fin a la condición rota del mundo al ser roto Él mismo.

La naturaleza de esta muerte, centrada en los demás, también es sorprendente: el siervo sufriente sería una ofrenda por el pecado. Dentro del tabernáculo y del templo del Antiguo Testamento, se podía ofrecer sacrificios de animales que borrasen la culpa de las personas; nunca, jamás se celebraba un sacrificio humano. Sin embargo, Isaías concluye esta sección diciendo:

> ...*habiendo él llevado el pecado de muchos, y orado por los transgresores.*
>
> ISAÍAS 53:12

El pasaje no podía ser más claro: que el siervo que aquí se describe soportaría y llevaría sobre sí mismo los pecados del mundo *y* el castigo por ellos. Esta muerte del siervo sería *para* otros; es lo que en ocasiones se llama "sufrimiento vicario".

La voluntad de poner la vida por otros también es sorprendente. En la Biblia, la vida es un don sagrado de Dios, motivo por el cual no podemos quitarnos la vida ni arrebatársela a otros, dado que en realidad, en un sentido último, nuestras vidas no nos pertenecen. Pero la vida de Dios es de Él y, en Cristo, la pondrá por nosotros en un acto inconcebible de amor altruista dedicado a quienes no lo merecen. Los lectores de Isaías debieron sentirse impactados, perplejos y anonadados cuando pensaron en esto. ¿Qué tipo de persona *podía* sufrir por otros? ¿Quién podría ser? La única respuesta a esa pregunta, por impensable que fuera, es que tendría que ser el propio Dios.

Jesús (siendo plenamente Dios y plenamente humano, pudo ser realmente el varón de dolores) puede llevar mis tristezas y mis enfermedades. Jesús (aquel que fue traspasado cuando un centurión romano le clavó una lanza en el costado) fue atravesado por mí. Jesús (aquel que fue aplastado mientras moría por asfixia, una muerte propia de la crucifixión) fue afligido y cortado por mí.

La cruz de Cristo lo redefine *todo* porque Dios en Cristo ha sufrido voluntariamente, con un propósito, por la humanidad. Dios en Cristo no apartó a un lado los problemas y las dificultades de la existencia humana: vino a un mundo de tinieblas y de sufrimiento y se enfrentó a la realidad del mal, el sufrimiento y el egoísmo, y pasó voluntariamente por la experiencia de la crucifixión. ¿Dónde está Dios en nuestro sufrimiento y nuestro dolor? Dios no se mantiene a distancia y observa desde allí nuestras enfermedades y nuestro sufrimiento. Ha venido en persona. Ha venido para estar con nosotros y, en su perfección, derrotar el mal. Karl Barth escribió que "en la cruz sufrió el propio corazón de Dios". Fue "nadie menos que el propio hijo de Dios, y por consiguiente el mismo Dios eterno". Dios padece con nosotros, pero en última instancia Dios padeció en la cruz por nosotros.

El cristianismo es Cristo. Llegar a conocerle supone descubrir la respuesta a todos los enigmas, y ver cómo los pensamientos fluyen libre y claramente, como si el viento inflase las velas de nuestras mentes. Cristo nos ofrece libertad absoluta frente a todo sentimiento empalagoso de culpa, de pecado y de condenación. Nada es comparable ni de lejos a esa sensación de libertad que inunda el corazón cuando uno es consciente del perdón absoluto de Dios. En un momento liberador, llegué a contemplar la cruz como la obra salvadora de Dios y supe que me ama a pesar de que conoce hasta el último rincón de mi alma y todos los pensamientos de mi mente.

Los escritores del Nuevo Testamento llegaron a comprender que el siervo sufriente de Isaías nos dice que la redención ha venido, en definitiva, mediante el sufrimiento de Cristo, pero también nos señala hacia la posibilidad redentora del sufrimiento en la vida cristiana. El líder alemán de la Reforma, Martín Lutero, llamó a esto *teología de la cruz*. Los cristianos son formados por Cristo, de modo que nuestras vidas y experiencias adoptan la forma de una cruz. Esto significa que podemos estar seguros de que Dios nos habla en el sufrimiento y nos moldea con él. No es el origen del sufrimiento, ni es moralmente responsable de las maldades cometidas que puedan hacernos sufrir, pero en su soberanía Dios puede obrar y obra para bien en este mundo caído y oscuro, introduciendo incluso en nuestro sufrimiento sus propósitos redentores. El sufrimiento de Jesús da vida, y los primeros cristianos creían que sus sufrimientos se hacían eco de esa verdad. Había que aceptar con alegría el sufrimiento como parte integral de la vida cristiana. Otro pasaje de la Biblia lo expresa así:

> *Y sabemos que a los que aman a Dios, todas las cosas les ayudan a bien, esto es, a los que conforme a su propósito son llamados.*
>
> ROMANOS 8:28

El instinto de evitar el sufrimiento a toda costa no es, en última instancia, cristiano. Los seguidores maduros de Jesús aprenderán, lenta pero firmemente, no solo a aceptar el sufrimiento sino a darle la bienvenida como parte del seguimiento del Salvador sufriente, como una manera de conocer más íntimamente al Señor que sufre, como una ofrenda de adoración al Dios sufriente y como un acto de testimonio en un mundo de sufrimiento. El sufrimiento y la aceptación del consuelo de Dios nos permiten ser de bendición para otras personas.

> *Bendito sea el Dios y Padre de nuestro Señor Jesucristo, Padre de misericordias y Dios de toda consolación, el cual nos consuela en todas nuestras tribulaciones, para que podamos también nosotros consolar a los que están en cualquier tribulación, por medio de la consolación con que nosotros somos consolados por Dios.*
>
> 2 CORINTIOS 1:3-4

El sufrimiento, en definitiva, puede ser incluso una fuente de gozo para un cristiano, porque sabemos que puede hacernos más fuertes:

> *...también nos gloriamos en las tribulaciones, sabiendo que la tribulación produce paciencia.*
>
> ROMANOS 5:3

El sufrimiento puede recibir la bienvenida del cristiano o cristiana que se acerque más a su Señor sufriente, al experimentar su presencia en medio de las decepciones, las pruebas, la enfermedad y la dificultad. El sufrimiento puede aceptarlo el cristiano que admite que su capacidad de resistir las dificultades y aumentar su resiliencia crece cuando recorre un sendero difícil o desafiante. El sufrimiento puede ser aceptado por los cristianos que disciernen que la perdida y el amor se encuentran entremezclados sagradamente hasta el punto de que el amor se vuelve más profundo y crece en presencia de la pena. El sufrimiento puede ser aceptado por los cristianos que participan en la misión de que el amor de Dios se dé a conocer al mundo, y que saben que es un precio que vale la pena pagar, dado que refleja el sufrimiento de ese Dios de amor.

El "siervo sufriente" es la bisagra de la historia, y sus seguidores no pretenden evitar que aquel les moldee, no solo con sus palabras sino con su cruz. Después de todo, fue Él quien dijo:

Si alguno quiere venir en pos de mí, niéguese a sí mismo, y tome su cruz, y sígame.

MATEO 16:24

Conclusión

"En cierta ocasión, alguien que me quería me dio una caja llena de oscuridad. Tardé años en comprender que también aquello era un regalo".

MARY OLIVER

Hemos recorrido juntos las diversas facetas de nuestra experiencia humana del dolor, y hemos visto cómo el Dios de la fe cristiana interactúa con nuestro sufrimiento. Hemos contrastado esta visión con otras maneras potenciales de observar el mundo, pero aún nos queda pendiente una pregunta bastante evidente. Si todo esto es cierto, si Dios existe y se le puede conocer definitivamente por medio de Cristo, *¿por qué Dios siguió adelante con su plan y nos creó si sabía que las cosas iban a ir tan mal y que tantísimos sufrirían hasta este punto?*

¿Es Dios culpable moralmente por crear un mundo en el que sabía que las personas sufrirían? ¿No hubiera sido "mejor" para Él no haber creado nada? Cuando le doy vueltas a esta pregunta recuerdo mi propio dilema cuando era más joven y me planteaba traer hijos a este mundo. A mis veintitantos años vivía en un barrio donde estaba rodeada de ejemplos extremos del dolor de este mundo. Entre los miembros de mi iglesia local había una madre cuyo hijo había sido víctima de un asesinato por encargo; supervivientes del espantoso conflicto en Liberia, que habían padecido una violencia extrema; niños y jóvenes atrapados en la violencia sexual propia del ritual iniciático de una banda; mujeres que habían experimentado la violencia doméstica y la carga de la pobreza material. Sin embargo, mi marido y yo seguimos adelante y tuvimos a nuestros hijos, primero gemelos y luego uno más. Lo hicimos sabiendo plenamente que nuestros bebés crecerían y vivirían en un mundo en el que, sin duda alguna, sufrirían y al final morirían. El amor no nos impidió tener hijos, sino más bien al contrario; el amor del uno por el otro y la seguridad de que amaríamos a nuestros hijos futuros contribuyeron a nuestra decisión de formar una familia. Creo que de la misma manera podemos llegar a la conclusión de que el amor no impidió a Dios crearnos. Más bien fue el amor el que *inspiró* la creación.

Desde un punto de vista más filosófico, podríamos señalar el desafío que plantea comparar la existencia y la no existencia, y concluir que una de las dos es "mejor". ¿Sobre qué fundamento podríamos emitir ese juicio de valor, dado que no tenemos manera de medir la "no existencia"? la bondad de Dios no se ve socavada por su amor, y su amor es el que sustenta nuestra creación. La Biblia nos dice que el mundo tal como es ahora no es como Dios quería que fuese. En lo profundo de nuestra psique percibimos que fuimos creados para algo bueno y hermoso. En su libro *Despertares* el gran neurólogo y escritor Oliver Sachs habló de la intuición que todos tenemos de que allá en nuestro pasado distante todo solía ir bien:

Y es que todos nosotros tenemos una sensación básica e intuitiva de que una vez estuvimos completos y bien; en calma, en paz, en el mundo como nuestro hogar; totalmente unidos con los fundamentos de nuestro ser; pero que luego perdimos ese estado primigenio, feliz, inocente, y caímos en nuestra enfermedad y en nuestro sufrimiento actuales. Teníamos algo de una belleza y un valor infinitos, y lo perdimos; pasamos la vida buscando lo que perdimos; y quizá un día lo encontremos de repente. Y ese será el milagro, ¡el milenio![54]

Este instinto nos trae a la mente el relato de Génesis. De manera primaria, fuimos hechos para el amor, la belleza y la bondad. Pero el dolor, la oscuridad, el egoísmo y la injusticia han entrado en nuestro mundo, y ahora son una parte profundamente arraigada, pero indeseada, de nuestra realidad humana sentida.

La ira que como humanos experimentamos frente a la injusticia, la muerte, la enfermedad o la violencia tiene sentido para nosotros como seres humanos porque percibimos, inherentemente, que así no es como deberían haber sido las cosas. Pero, ¿esto es genuinamente racional? ¿Tiene sentido nuestra rabia si no somos más que seres materiales sin un origen trascendente? ¿O es que el mismo fundamento de la ira humana frente al mal y al sufrimiento es un legado de la imagen de Dios? ¿Puede la cosmovisión de "la supervivencia del más fuerte" justificar esa furia, o quizá el paradigma cristiano tiene algo realmente profundo que ofrecernos en el propio hecho de que planteemos esta pregunta sobre el dolor y el sufrimiento?

Hemos visto que la genuina fe cristiana no consiste en borrar la ira que sentimos como humanos frente a la violencia o la injusticia de este mundo. La ira tiene su lugar en el relato cristiano, y todo clamor que pida justicia y juicio se hace eco de la esencia del mensaje cristiano. Espero que te hayas planteado seriamente que a Dios se le puede encontrar, conocer y experimentar en medio del sufrimiento gracias al propio padecimiento que Él experimentó.

---

54. Oliver Sachs, *Awakenings*, Harper Perennial, 1990, p. 29.

En última instancia, en la esencia de la fe cristiana hallamos la oferta de una relación con un Dios personal que no es un sistema ni una máquina, sino un Padre amante. Un Dios que entró en este mundo sufriente por medio de Jesucristo, que padeció y murió no solo con nosotros sino también por nosotros. En función de su sufrimiento puede ofrecernos redención, perdón, seguridad y comunidad. Su consuelo, su fortaleza y su verdad en nuestras luchas y en nuestro dolor nos señalan a un futuro de esperanza, a un hogar a su lado más allá de la tumba, donde podremos estar con él, consolados y amados, y disfrutando de una eternidad más allá del alcance de todo sufrimiento.

Dios está a tan solo una oración de distancia de cualquiera de nosotros. En palabras de Jesús:

> *He aquí, yo estoy a la puerta y llamo; si alguno oye mi voz y abre la puerta, entraré a él, y cenaré con él, y él conmigo.*

APOCALIPSIS 3:20

Me pregunto si percibes su voz que te habla personalmente. ¿Quieres abrir la puerta de tu vida y dejarle entrar? ¿Por qué no haces una sencilla oración a Jesús pidiéndole justo eso? Invítale a tu vida. Da el paso que le invitará a que entre en tu sufrimiento.

Agradecimientos

Las palabras no pueden expresar lo agradecida que estoy a las personas que me han apoyado y que forman parte de este libro. Quisiera expresar mi gratitud a mi esposo, Frog, sin el cual no me habría sido posible escribir. Gracias por ser un hombre que cree en compartir igualitariamente la carga, no solo destacando en lo que haces sino siendo un verdadero compañero de vida, en casa y en la familia. Gracias a mis hijos Zac, JJ y Benji, por apoyarme en mi trabajo en este libro y también en vuestra crianza; vuestro ánimo y respeto por mi trabajo creativo y espiritual son esenciales para mí.

Gracias a mi queridísima amiga Nancy Gifford, no solo por tu liderazgo espiritual en esta serie de libros sino también por tu cariño inquebrantable y por toda la alegría que me proporcionan nuestras diversas aventuras juntas. Gracias a Mahlatse Mashua, Raymond Bukenya, Rachael Mutesi, Hassan John, Justice Okoronkwo, Paulson Tumutegyereize y Gideon Odoma. Vuestra amistad y vuestras oraciones me han demostrado cómo un equipo se convierte en una familia.

Gracias a Tim y a Vanessa Norman por prestarme vuestra casa para redactar este libro, y a Tim Thornborough y a todos en The Good Book Company por todo vuestro trabajo en este proyecto. Mi gratitud para el Dr. Simon Wenham y Rio Summers, por su ayuda en la edición, y a todos mis colegas repartidos por el mundo, sobre todo al equipo de Oxford y a la junta del Reino Unido. Gracias a mis compañeros y a mis alumnos de The OCCA, The Oxford Centre for Christian Apologetics, y sobre todo, en este último año académico, a Tom Price, el Dr. Max Baker-Hytch y la Dra. Sharon Dirckx. Gracias, Jasmine Wigglesworth, por tu apoyo increíble en calidad de ayudante ejecutiva, pero también por viajar conmigo este año; tu amistad y tu ánimo significan mucho para mí.

Y, por último, gracias a mi iglesia madre, Latimer Minster, una comunidad en la que el amor fluye de una forma tan poética y tan práctica, y donde experimento gracia sobre gracia.